人文武术精品书系

勿使前辈之遗珍失于我手

勿使国术之精神止于我身

武学古籍新注丛书

手战之道

王小兵◎校注

北京科学技术出版社

出版人语

武术作为中华民族文化的重要载体，集合了传统文化中哲学、天文、地理、兵法、中医、经络、心理等学科精髓，它对人与自然和谐共生关系的独到阐释，它的技击方法和养生理念，在中华浩如烟海的文化典籍中独放异彩。

由于受以往“万般皆下品，惟有读书高”思想的影响，虽然武术源远流长，但历来却为学术界的主流思想所轻视，纵观从汉至清的“正史”，武学始终没能“以武立身”进入其中并占有一席之地。在历代官方文献中，有关武术技艺和拳理的记载极少，即使是民间资料，清代以前也十分罕见，存留至今的大多是清代的手写本或抄本，且由于保密或自珍心理的影响，许多武术文献都属“秘传”，以致一般人甚至闻所未闻，更不用说深入研究了；亦有许多武学资料，散落湮没在各类他种文献中让人难识真面。这在中国历代文化的传承史上，是一种比较特殊的现象。

有着几千年传承积淀的中华武术，能生存并发展到今天，是因其具有很深的中华传统优秀文化的根脉。传统武学尊崇的生存理念、修习的武术技能，一方面，从不同的角度和侧面反映出中华民族的社会、历史、政治、经济、文化、宗教、风俗与心理等；另一方面，它融健身、搏击、观赏为一体，是人类文明流动的传奇。因此，将武术作为文化形态来研究，一方面可使人们对武术自身重新认识，同时更重要的，是为我们从更高层面认识和理解中华传统文化的精义，提示了若干全新的视角。然而，我们注意到，那些历经坎坷幸存到今日的武学资料，有许多被束之高阁难得一见，或正面临着破损、佚失的窘境，对这些宝贵资料的发掘、研究、整理和保护已迫在眉睫；我们还注意到，至今出版界还没有一个机构专门从事或介入此项工作。据不完全统计，新中国成立以来的六十多年间，全国共整理出版古籍近两万种，基本没有武术这个学科的分类，这个现状应该有所改变。

随着学术界对中华武学的日益重视，北京科学技术出版社顺应国内外研究者对武学典籍的迫切需求，决策组建了“人文·武术图书事业部”，旨在推进武术古籍的保护、整理和出版。依据国家古籍整理出版的有关精神和规定，经过精心挑选并广泛征求专家的意见，决定将几种早已进入武学研究者视野的古籍版本，通过原件影印、点校、注释及提供简体版等方法加以整理，汇编为“武学古籍新注丛书”，陆续推荐给读者。本套丛书力求做到传统与现代并存，内容与形式统一，与以往的武术类出版物有较大的不同。

入选本丛书第一辑的武学典籍已出版，分别为：李亦手抄《王宗岳太极拳论》、宋书铭《太极功源流支派论》、《太极法说》（班侯赠全佑本）。此外，第二辑武学典籍初步定为：《手战之道》（收入明·

沈一贯《搏者张松溪传》、明·戚继光《纪效新书》、清·黄宗羲《王征南墓志铭》、清·黄百家《王征南先生传》、清·黄百家《内家拳法》等）、《拳经辑集》（收入明·戚继光《纪效新书》、明·茅元仪辑《武备志》）、明·吴殳《手臂录》等典籍亦将分辑陆续出版。

以上这几种古籍，均成书于明清时期。这个时期，是中国古代武术空前繁荣并且走向成熟的重要时期，主要表现为中国古代武术体系及其总范围的基本形成与确立、武术流派的形成、武术套路的出现、武术理论的全面发展，等等。因此，这一时期的中国武术，就自然而然地具有了承上启下的历史使命：一方面，它是上古武术一脉流传的集大成者；另一方面，它又是未来武术不容推诿的启蒙者。而这一时期优秀的武学著作，也就带有了这一明显的时代特征，深入研究这几部武学著作，对认识中国传统武学理论体系有着重要意义，对传统武术未来的发展走向，亦有一定的规范与指导作用。

本套丛书邀请了国内外著名专家进行点校、注释和导读，梳理过程中充分尊重大师原作，由知名专家以规范的要求对原文进行梳理，力求经得起广大读者的推敲和时间的考验，让读者放心地学习与珍藏。希望本套丛书的出版，能够在武学研究领域起到一定的引领、推动作用，这也是我们北京科学技术出版社人文·武术图书事业部全体同仁的衷心希望。

导读

“手战”一词早在汉代便已见诸文献，然其含义，历来多有所指。如西汉《淮南子·修务训》云：“夫怯夫操利剑，击则不能断，刺则不能入，及至勇武攘卷一捣，则摺胁伤干，为此弃干将、镆邪而以手战，则悖矣。”此“手战”当为徒手搏斗之意。又《后汉书·西羌传》云：“迷吾乃伏兵三百人，夜突育营，营中惊坏散走。育下马手战，杀十余人而死。”所谓“下马手战”，非下马徒手搏斗，而是战场上短兵相接之谓。此外，“手战”一词除了徒手搏斗、短兵相接之外，还有“手颤抖”之意，如杜甫《元日示宗武》诗云：“汝啼吾手战，吾笑汝身长。”民国年间，“手战”又被用来指称学校的一种体育游戏——“掰手腕”①。

然而“手战”一词，为人所津津乐道者，大抵源于《吴越春秋·勾践阴谋外传》中“越女论剑”的故事。春秋末期，越国有一位武艺非凡的女子，越王勾践向她请教剑术，女子言：“凡手战之道，内实精神，外示安仪，见之似好妇，夺之似惧虎，布形候气，与神俱往。”

① 教育部编. 初中男生体育教授细目（第二册）［M］. 上海：上海勤奋书局，1934：55.

实际上，女子所谓“手战之道”，不仅仅是剑术格斗的技巧与方法，而是对整个武艺之道所做的一番寓理深奥的议论，因此“手战之道”，便不仅仅是指剑术的技能，还应包括徒手搏斗的技术在内。当然，也有人认为“手战之道”即“剑之道”，很明显这是直接源自“越女论剑”的故事，大抵起于民国初年郭希汾《中国体育史》，而后人多从之①。

马明达先生将武术文献的种类分为四种，即武术专著、以篇章形式附见于某些兵书和其他著作的武术文献、公私收藏的抄本稿本、域外武艺著作及周邻国家刊行的汉文武术著作。本书所选即属于第二类，散见于军事家的兵书以及文人的文集。从选取年代来看，《越女论剑》属于东汉，黄宗羲父子关于王征南的内容则属于明末清初，其余都在明代，这样选取也是基于武术是在明代成熟这样一个历史考量。汇集是编，名《手战之道》，即取自《吴越春秋》，其意也是对整个武艺之道的阐释。

1. 《越女论剑》

《越女论剑》的故事，出自东汉绍兴人赵晔所撰的《吴越春秋·勾践阴谋外传》。《吴越春秋》原本共十二卷，今存十卷②，叙述春秋末年吴越两国争霸的史实，主要是根据《国语》，同时还兼采《左传》《史记》的记载。但并不拘泥于历史的故实，在故事铺叙和人物描写

---

① 郭希汾. 中国体育史（影印本）[M]. 上海：上海文艺出版社，1993：49.

关于“手战之道”，于志钧也认为是“精辟的剑法阴阳理论论断”（见于志钧《中国传统武术史》，P105－106）。此外，《汉语大词典》也作“击剑”解。

② 今存十卷本《吴越春秋》出自绍兴人徐天祜“音注”的元大德（1297—1307 年）本，又有六卷本，两者大同小异。十卷本是每篇自成一卷，而六卷本则是将十卷本的前三篇合为卷一，第四、五两篇分别为卷二、卷三，第六、七两篇合为卷四，第八、九两篇合为卷五，第十篇别为卷六。

上，有不少夸张和虚构的地方，融入了不少民间传说。所以鲁迅定位《吴越春秋》为“本实事，含异闻”①。《勾践阴谋外传》篇，据清代著名的校勘学家、藏书家顾广圻、蒋光煦等人所见的影宋本《吴越春秋》，该篇作《越王阴谋外传》。今本“越王”作“勾践”，则是由徐天祜所改，以便目录的一致。

《勾践阴谋外传》所记为勾践十年至十三年之间的事迹，讲述勾践卧薪尝胆、密谋对吴用兵之事，主要围绕越王“谋吴称霸”的主题渐次展开。为了达到这一目的，既要走富国强兵之路，又要行贫吴弱敌之计，所以该篇围绕文中所言“君王闭口无传”的阴谋九术落笔，然其不外乎“富国强兵”与“贫吴弱敌”两个方面。通观全文，先写越国“已富”，后又写越王“尊天事鬼”，以致“国不被灾”，依从计研之计而充实粮仓，这便是富国之术；请女子传授剑术，让陈音讲解射法，这是强兵之道。送给吴王神木而促成其大兴土木，献给吴王美女而使其惑乱，借粟还粟而使吴种而无收，都是贫吴弱敌之计。这些计谋为越王称霸奠定了坚实的基础，随后“阴谋”转为“阳攻”，从而引出了下篇之《勾践伐吴外传》。而“越女论剑”这一故事，正是勾践“强兵之道”的一种方法，也成了后人眼中中国古代武术理论的经典之作，至今为人所道。

《吴越春秋》的校释本极多，《越女论剑》校注时，底本采用民国“丛书集成初编”影印本，同时参考了薛耀天、张觉等人的相关校释。

2.《搏者张松溪传》

此篇出自明朝万历首辅沈一贯之手。沈一贯（1531—1615 年），

① 鲁迅谓：“他如汉前之《燕丹子》，汉杨雄之《蜀王本纪》，赵晔之《吴越春秋》，袁康、吴平之《越绝书》等，虽本史实，并含异闻。”见：鲁迅. 中国小说史略［M］. 天津：百花文艺出版社，2002：11.

浙江宁波人，明朝万历年间首辅。隆庆二年登进士第，此后游走于官场多年。张居正去位后，入阁参预机务。史书载“一贯之入阁也，辅政十有三年，当国者四年，枝柱清议，论者丑之。”明万历三十四年，沈一贯因受弹劾而上疏告退，家居十年，《搏者张松溪传》应作于此一时期。

从行文来看，该文是沈一贯为嘉靖末年的同乡张松溪所做的传文，其来源当为“耳闻”。传文记述了张松溪一生的习武轶事，又记述了张氏拳法“五字诀”，且对其有详解，这可与清初黄百家《王征南先生传》中内家拳的“五字诀”互相参照，应是最早的关于内家拳法的记述。此外，清代《宁波府志》有《张松溪传》，其来源，也源自沈传。

《搏者张松溪传》出自沈一贯《喙鸣文集》，清乾嘉年间沈一贯同乡袁钧又将其辑入《四明文征》。本书校注时，以“四库禁毁书丛刊”影印明刻本为底本。

3.《技用》

《技用》出自明代何良臣的军事著作《阵纪》。此书共四卷，其中，卷一为选练，卷二、卷三为作战指挥，卷四为各种地形、气候条件下的作战方法。何良臣根据古兵法的军事思想，结合历代用兵得失，针对明代军制弊端，提出了不少有价值的观点，如治军以“选练为先”，作战要“因敌制胜”等。其本人不仅是军事家，又是诗人，早年喜欢诗词歌赋，颇有文才，从军后又有军功，后升为蓟镇游击将军。《四库全书总目》云：“良臣当嘉靖中海滨弗靖之时，身在军中，目睹形势，非凭虚理断，攘袂坐谈者可比，在明代兵家，犹为切实近理者矣。”

《技用》主要列举并介绍各种器具之名称、功效及用法，共十五篇，分别为旌旗类，军鼓类，射、弩、拳、枪、筅、藤牌、刀剑、短兵、火器类，舟船、战车，守城器械，总论。但旌旗类、军鼓类等内容已与武术无关，故仅选与武术有密切关系者进行校注，计有：拳、棍、枪、刀剑、短兵五篇。原文中，拳与棍合为一篇，校注时分为两篇。

《阵纪》一书版本较多，如明万历十九年刻本、清嘉庆二十二年《墨海金壶》丛书本、清道光《珠丛别录》丛书本、道光二十六年《惜阴轩》丛书本、道光二十八年《瓶花书屋》丛书本、清同治《半亩园》丛书本、清咸丰间《长恩书室》丛书本、民国二十四年商务印书馆的《丛书集成初编》等。除原刻本以外，现存较好的本子应为《惜阴轩》本和《丛书集成初编》本。《墨》本、《珠》本、《瓶花》本等均有大段大段阙文，均不宜做底本，而《初编》《惜阴》两本均出自原刻，基本忠于原刻，比较适合做底本，故本书校注时即以《惜阴轩》本为底本，以墨海金壶本、四库本为参校。在校注中，又参考了陈秉才点校本《阵记校释》。

4.《武编全集·卷五》

《武编》为明代另一著名军事家唐顺之的著作。唐顺之（1507—1560年），字应德，号荆川，武进（今属江苏常州）人。明代儒学大师、军事家、散文家，又是抗倭英雄。嘉靖八年会试第一，授庶吉士，改兵部主事，礼部主事。曾率兵累败倭寇，以功擢右佥都御史，后卒于舟中。唐顺之学识渊博，喜谈政论兵，探究性理，有“嘉靖八才子”之美誉。

《武编》纂辑于明嘉靖中。当时，明廷武备废弛，将帅缓带轻裘，军队养成懒惰散漫的习性。为振兴武备，唐顺之广搜博采，从历代兵书及其他史书中辑录对于武备有所裨益的资料，如吴用先《武编序》所言："一切命将驭士之道，天时地利之宜，攻战守御之法，虚实强弱之形，进退作止之度，间谍秘诡之权，营阵行伍之次，舟车火器之需，靡不毕具。"后来唐顺之抗倭和巡抚凤阳期间，多得力于该书，即如明人郭一鹗所谓："得是编熟之化之，天下无就敌矣！荆川先生熟而化此，以南剿倭，北创虏，十用其七八。"然而本书当初只有抄本传世，为南京焦澹园所藏。焦氏非常珍视这部书，时常有人向他索要藏本刊行，他以"兵阴道也，乃阳言之乎？危道也，乃安谈之乎，非其时也"为由，拒绝刊印。明万历戊午年（1618 年），后金政权起兵反明，明军损兵折将，连连败退，值此之时，焦氏才认为是刊印此书的时候了。于是将抄本给徐象枟雕版印行，使这部沉睡多年的兵书得以广泛流传。

是书"前集卷五"中，保存有大量拳法、器械等武艺内容，计有"牌、铁、火器、射、弓、弩、甲、拳、枪、剑、刀、简、锤、扒、挡、火、夷"，共十七类，然今与武术有密切关系者，惟"拳、枪、剑、刀、简、锤、扒、挡"八类，故去其他九类，存此八类校之。与同代之人记述互相参照，对于明代的武艺发展便有清晰的认识。

本书校注以明万历四十六年徐象枟曼山馆刻本为底本，以道光瓶花书屋本、四库本为参校本。

5.《拳经捷要篇》

《拳经捷要篇》出自戚继光《纪效新书》，这是一份非常珍贵的古代拳法资料，问世不久便备受重视，其"前言"与"拳法三十二势"，对后世拳种流派的发展产生了重要影响。收录《拳经捷要篇》

的兵学名著《纪效新书》，明清以来，翻刻极多，流布极广，这大大有利于《拳经捷要篇》的传播，所以后世著述多收入戚氏《拳经捷要篇》。如明末茅元仪编纂的大型兵书《武备志》、王圻父子编纂的大型类书《三才图会》。明代晚期的通俗日用类书如《新刻邺架新裁万宝全书》《新刻天下四民便览三台万用正宗》之“武备门”部分，也收入了戚氏《拳经捷要篇》内容，可见其流布之广与传播之快。而进入清代，戚氏《纪效新书》翻刻本极多，同时民间也有人专门摘出《拳经捷要篇》内容，单独刊刻印行，如《打拳谱》（木刻本）便是。

《拳经捷要篇》收入明代各家拳法三十二势，故又称“拳经三十二势”。目前所见的各种清代刊本，缺了其中八势，仅剩二十四势。只有西谛本、隆庆本为全本，有全部的三十二势。此外茅元仪《武备志》、王圻、王思义父子《三才图会》辑录有三十二势全部。另外，万历二十七年所刊刻的民间日用类书《新刻天下四民便览三台万用正宗》卷二十六“武备门”部分有“宋太祖三十二势长拳歌”，从内容来看，显然源自戚氏之“拳经三十二势”。

西谛本、隆庆本原本校者尚未得见，但据这两个本子所点校的《纪效新书》早已面世，盛冬铃点校本底本为西谛本（《纪效新书》中华书局，1996 年）、曹文明点校本底本为隆庆本（《纪效新书》中华书局，2001 年）。通过对比西谛本与隆庆本，发现两个本子的“拳经三十二势”顺序相同。因此，照旷阁本所缺的八势，据此二本补入。本文校注，除了参考盛冬铃、曹文明点校本外，还参考了马明达点校本《纪效新书》。

6. 《王征南墓志铭》《王征南先生传》《内家拳法》

《王征南墓志铭》为明末清初思想家黄宗羲于清康熙八年（1669

年）所撰，文中首次提出武术的内家、外家分，这一偶然“事件”，却对未来中国武术的发展产生了重大的影响。而《王征南先生传》，则为黄宗羲之子黄百家于清康熙十五年（1676 年）所作，这是明代内家拳的重要文献，对于明代内家拳的传承、练法都有比较清晰的记载。

清初文学家张潮删去《王征南先生传》中有关射术的部分，改名《内家拳法》，并收入《昭代丛书》之《别集》。因此，实际上《内家拳法》为黄氏《王征南先生传》中一部分。《钦定四库全书总目》之《昭代丛书》提要云，清初的“杂著”大多为时人“或从文集中摘录一篇，或从全书中割取数页，亦有偶书数纸，并非著述而亦强以书名者，中亦时有窜改，如……黄百家之《征南先生传》芟其首尾，改名《内家拳法》，犹是明季书贾改头换面之积习，不足采也”。故《内家拳法》一名，也应为张潮辑录时所加。《内家拳法》记述了内家拳的源流、练法、套路和“十段锦”等。然对其源流，黄氏父子文中所载皆无实据，唐豪先生对此已做过详尽的考证。

本书校注《王征南墓志铭》《王征南先生传》，底本采用“四部丛刊本”。

《内家拳法》，底本采用清道光“世楷堂”刊本。

以上关于拳法、器械的技艺，除了关于《拳经捷要篇》、“内家拳法”的内容外，多无专门、深入的校释整理；其次，这些文献资料大多比较零散，查询不便。故按诸年代，汇辑校释；因既有徒手搏斗的技艺，又有器械格斗的技术，因此以越女论剑之“手战之道”名之。因学识有限，难免所疏漏与谬误，恳请批评指正。

手战之道

手战之道

越女论剑

未見湏俟其時越王又問相國范蠡曰孤有報復之謀水戰則乘舟陸行則乘輿輿舟之利頓於兵弩今子爲寡人謀事莫不謬者乎范蠡對曰臣聞古之聖君莫不習戰用兵然行陣隊伍軍鼓之事吉凶決在其工今聞越有處女出於南林（越舊經南林在山陰縣南）國人稱善願王請之立可見越王乃使使聘之問以劍戟之術處女將北見於王道逢一翁自稱曰袁公問於處女吾聞子善劍願一見之女曰妾不敢有所隱惟公試之於是袁公即杖箖箊竹（箖箊竹名箖直尋切箊央魚切吳都賦其竹則篔簹箖箊）竹枝上頡橋未墮地女即捷末（藝文類聚引吳越春秋處女善

劍事與此小異曰袁公即挽林內之竹似枯槁末折墮地女接取其末按此書末字當作末捷通作接易晝日三接禮記太子生接以太牢左傳子同生接以太牢註並音捷袁公則飛上樹變爲白猿遂别去見越王越王問曰夫劍之道則如之何女曰妾生深林之中長於無人之野無道不習不達諸侯竊好擊之道誦之不休妾非受於人也而忽自有之越王曰其道如何女曰其道甚微而易其意甚幽而深道有門戶亦有陰陽開門閉戶陰衰陽興凡手戰之道內實精神外示安儀見之似好婦奪之似懼虎布形候氣與神俱往杳之若日偏如滕滕當作騰兎追形逐影光若彿彷呼吸往來不及法禁縱橫逆

順直復不聞斯道者一人當百百人當萬王欲試之其驗即見越王即加女號號曰越女乃命五板之墮長高習之教軍士（詩註一丈爲版五版爲堵左傳五版爲堵五堵爲雉版亦作板此墮字疑當作隊長疑是上聲高或人名也）當世（勝字上疑當有莫能二字）勝越女之劍於是范蠡復進善射者陳音音楚人也越王請音而問曰孤聞子善射道何所生音曰臣楚之鄙人嘗步於射術未能悉知其道越王曰然願子一二其辭音曰臣聞弩生於弓弓生於彈彈起古之孝子越王曰孝子彈者奈何音曰古者人民朴質饑食鳥獸渴飲霧露死則裹以白茅投於中野孝子不忍見父母爲

手战之道

搏者张松溪传

搏者張松溪傳

我鄉弘正時有邊誠以善搏聞嘉靖末又有張松溪名出邊上張衣工也其師曰孫十三老大梁街人性麤戇張則沈毅寡言恂恂如儒者張大司馬罷而家居引體抗然坐之上座云邊師之徒袒裼搤捥嗔目語難而張乃攝衣冠不露肘邊師喜授受顯名當世而張常自匿人求見輒謝去邊師之美技進退開闔有緒如織而張法直截嘗曰一捧一痕吾猶輕之胡暇作此嬖嬖閒事邊營北將值

六馬駕負其力肩之不勝出手輪而病傴有少林
僧數十輩尋邉邉遷延之至日晡與鬬燭入滅燭
而躍坐梁上觀諸僧自相擊于暗中而乘其斃大
抵間用術倭亂時少林僧七十輩至海上求張張
匿不見好事少年慫慂之僧寓迎鳳橋酒樓張與
少年窺其搏失哂僧覺遮之張曰必欲一試者須
呼里魁合要死無所問張故孱然中人耳僧皆魁
梧健力易之諾為要張衣屨如故袖手坐一僧跳
躍来蹴張稍側身舉手而送之如飛丸度窻中墮

重樓下幾死蓋其法云摶舉足者最下易與也張嘗被監司徵使教戰士終不許曰吾盟于師者嚴不授非人張嘗踏青郊外諸少年邀之固不許還及門諸少年戒守者毋入張閉之月城中羅拜曰今進退無所且徵觀者願卒惠之張不得已許之門多圜石可數百斤者命少年累之累之不能定張手定之稍支以瓦而更累一于其上祝曰吾七十老人無所用儻直劈到底供諸君一笑可乎舉左手側而劈之三石皆分為兩張終身不娶無子

事毋以孝聞死于牖下所教徒厪厪一二又不盡其法余嘗從其徒問之曰吾師嘗觀矛師予師詩吾師曰何如師曰吾不知吾黨問之師曰犬刺則刺矣而多為之擬心則岐矣尚得中耶余聞而憬然因憶往時嘗問王忠伯邊人何技而善戰忠伯言邊人無技遇虜近三十步始發射短兵接直前攻刺不左右顧者勝瞬者不可知旁視死矣今張用此法又悟北宮黝之養勇也不膚撓不目逃非謂不被人刺至撓且逃直如飛蠅之著體忘撓與

逃鼓精奮神專篤無兩雷菫春面集七矢而不動是矣張有五字訣曰勤曰緊曰徑曰敬曰切其徒秘之余嘗以所聞妄為之觧曰勤者蓋早作晏休練手足力少睡眠薪水井臼必躬親公致力中原而恐優逸不堪以百驚從事此一其素也曰緊者兩手常護心胸行則左右護脅擊刺勿極其勢令可引而還足縮縮如有循勿舉高蹈濶丁不丁八不入可亟進可速退心常先覺毋令智昏立必有依勿虛其後衆理會聚百骸諧束蝟縮而虎伏兵

法所謂始如處女敵人開户者蓋近之曰徑則所謂後如脫兎起不及距者無再計無返顧勿失事機必中肯綮既志其處則盡身中一毛孔亦感響赴之無叅差若猫捕鼠然此二字則擊刺之術盡矣曰斂者儆戒自将勿露其長好勝者必遇其敵其防其防温良儉讓不忮不求何用不臧曰切者千忍萬忍掐指齩齒勿為禍先勿為福始勿以身輕許人利害切身不得已而後起一試之後可收即收不可復試雖終身不見其形不成其名而已

所悔盖結寃業者永無釋日犯王法者終無貰斯得無慎諸聞張之受于孫惟前三字後二字張所增也其戒心又如此君子曰儒者以忠信爲甲冑禮義為干櫓豈不備哉使人畏而備之孰與夫使人無畏而無備之為周夫學技以備患而慮患乃滋甚則焉用技恃技而不慮患患又及之技雖言矣故君子去彼處此

手战之道

阵纪·技用

兵之長用但矢盡弓解卽為人困故習射者必精刀劍弓解則有接濟之兵矣學弩者必熟杈鐮矢盡則有利用之具矣此在鋭意練兵者宜加意焉

學藝先學拳次學棍拳棍法明則刀槍諸技特易易耳所以拳棍為諸藝之本源也如宋太祖之三十六勢長拳六步拳猴拳囮拳名雖殊而取勝則一焉溫家之七十二行拳三十六合瑣二十四棄探馬八閃番十二短此又善之精者呂紅之八下緜張之短打李半天曹聾子之腿王鷹爪唐養吾之拏張伯敬之肘千跌張之跌他如童炎甫劉邦協李艮欽林琰之流各有神授世稱無

敵然皆失其傳而不能竟所奧矣扒杈棍長一丈二尺精者能入槍破刀惟東海邊城與閩中俞大猷之棍相爲表裏法有不傳之祕少林棍俱是夜叉棍法故有前中後三堂之稱前堂棍名單手夜叉中堂棍名陰手夜叉類刀法也後堂棍名夾槍帶棒牛山僧能之諺曰紫薇山棍爲第一張家棍爲第二青田棍又次之趙太祖騰蛇棒爲第一賀屠銄杆西山牛家棒皆次之其孫家棒又出自宋江諸人之遺法耳大抵練兵教藝切須去了走跳虛文但動棍須把得堅変棍妙在下起棍入必須上壓一打一揭欲我疾陰手陽手令人疑大剪小剪

神變用大門小門藏正奇使拔剃滚殺起磕俱得其妙迺可稱棍俞大猷劍經曰待其舊力略過新力未發而急乘之似得用藝之祕矣棍法之妙亦盡於大猷劍經在學者悉心研究酌其短長去其花套取其精微久則自可稱無敵也

能殺人於二十步之外者六合槍法也復有馬家長槍沙家竿子李家短槍之名長短能兼用虛實盡其宜鋭進不可當速退不能及而天下稱無敵者惟楊氏梨花槍也所以行有守立有守守內暗藏攻殺之機槍鋒須短利而輕以不過兩爲率桿須腰硬根粗稍稱南方以竹

為捍甚稱省便北地風高易裂須得絲觔纏紮乃可否則以椆木代之猶勝凡學槍先以進退身法步法與大小門圈圈串手法演熟繼以六眞八毋二十四勢的厮殺使手能熟心能靜心手與槍法混而化落動則裕如變不可測但施於陣上則伸縮騰挪之機少稱不便故花法不必習習亦無用也此在學者自妙而運用之惟山東樊氏深得其傳惜乎老矣較比之時先看單槍試其手法身法進退步法圈串不宜甚大尺餘便好復以二十步外立木把高五尺闊八寸上分目喉心腰足五孔孔大寸許內懸圓木球每一人執槍立二十步外聽

鼓聲擂緊翻然擊槍飛身向前截去以得孔內木球於槍尖為熟五孔木球俱得為精若二人比藝即不離封閉捉拏守五法而已惟能守者力自閒有隙便進是得用槍之訣

筅之出入頗稱不便似非利器也所可恃者能作步卒之藩籬耳然非長槍短兵夾持而進則所謂能禦而不能殺者也故學筅者必以老成有力而筋骨已硬之人謂其無活跳閃賺之勢如精銳輕淩之兵又不必以重贅之器為利用焉筅之竹節須密而稱旁枝須堅而粗筅刃須長而利以火熨之或曲或直四面扶疏如刺如戟

竟入無以爲禦戚繼光曾以絲緜數層製度牌上名曰剛柔牌以拒鳥銃終不能擋總不若綀荆花鎧法爲妙鉛子著之自下但人鮮得其製法耳

軍中諸技惟刀劍法少傳若能滚入使長短兵不及遮攔便爲熟矣如日本刀不過三兩下往往人不能禦則用刀之巧可知偃月刀頭大且重使有力者用之而更能精熟三十六正刀二十四閃伏則諸兵仗當之者無不屈也馬上雙刀須長而輕後過馬尾前過馬頭爲要劍用則有術也法有劍經術有劍俠故不可測識者數十氏焉惟卞莊之紛絞法王聚之起落法劉先主之顧應

法馬明王之閃電法馬超之出手法其五家之劍庸或有傳此在學者悉心求之自得其祕也如鳳嘴刀三尖兩刃刀斬馬刀鐮刀苗刀麽西刀狽刀掉刀屈刀戟刀眉鋒刀鴈翎刀將軍刀長刀提刀之類各有妙用只是要去走跳虛文花套手法始得用刀之實故曰不在多能務求精熟設或不精反爲所累所以祕技有神授如無眞授不可強爲授之不精未可稱技精而不能變猶爲法之所泥

短兵者爲接長兵之不便然亦有長用也馬杈有突越之勢綽鈀有閃賺之機然杈不出陰陽鈀不離五路如燕

尾杈虎尾杈五龍鈀三股杈鈀尾鞭丈八鞭雙鉤槍連珠鐵鞭鷹爪飛撾開山斧剉子斧鉤鐮戟槍鐵攩鉤竿天篷鏟搗馬槍蒺藜槍鵰項槍拐突槍魚肚槍狼牙棒豹尾鞭蘆葉槍流星椎杈尾椎杈竿抓槍鐵鏰槊钁擲遠鐵梧環子槍抓子棒紫金標八尺棍之類不可悉數各有專門但身法手法步法皆由拳棍上來其進退騰凌順逆之勢俱有異樣神巧殺著學之得精俱可制敵然非祕授不可強施外如花刀花槍套棍滚杈之類誠無濟於實用雖爲美看抑何益於技哉是以爲軍中之切忌者在套子武藝又所恨者在強不知而爲知

手战之道

武编前集·卷五

舂碎篩取米大屑調生漆傳上油浸透則利刃不能入

拳

拳有勢者所以爲變化也橫邪側面起立走伏皆有墻戶可以守可以攻故謂之勢拳有定勢而用時則無定勢然當其用也變無定勢而實不失勢故謂之把勢作勢之時有虛有實所謂驚法者虛所謂取法者實也似驚而實取似取而實驚虛實之用妙存乎人故拳家不可執泥裡外圈長短打之說要須完備透曉乃爲作手技欲精欲多用欲熟欲駛欲狠兩精

則多者勝兩多則熟者勝兩熟則駛與狠者勝數者備矣乃可較敵一家數温家長打七十二行着二十四尋腿三十六合鎖趙太祖長拳多用腿山西劉短打用頭肘六套長短打六套用手用低腿呂短打六套趙太祖長拳山東專習江南亦多習之三家短打鈸亦頗能温家拳則鈸所專習家有譜今不能盡述也略具數節于後一勢四平勢井闌四平勢高探馬勢指襠勢一條鞭勢七星勢騎虎勢地能勢一撒步勢拗步勢長拳變勢短打不變勢逼近用短打若遠開則用長拳行着既曉短打復會行着短不及長矣

一手有上中下切斫鈎扳攙金手高立搭揚逼攻扑
盤旋左右脚來踍調出五横三推肘你行當面我行
傍你行傍來我直走倘君惡狠奔當胷風雷絞砲劈
掛手騰搥手雙打雙砍雙過肘左右走手怕邊拳調
出飛虹忽捉手喝聲打上下頭虛顧下還須上捉手
只此三真訣是原傳還有通仙六隻手旂鼓拳閃横拗
步脚上前高怕黄鶯雙拍手低怕撩陰跨襠拳挨靠
緊追休脫手會使斜横搶半邊長拳行着凡打法行
着多從探馬起直行虎打法三着打左右七星拗步
高探馬驚法右腿蹴驚右手斬手左手飛拳上臉連

右手拳一齊再發搭脚進步高探馬左拳哄臉右腿低彈左腿右拳飛拳上臉倒身一踏倒插幡高探馬專打高探馬右腿驚左腿左腿上踏玉女穿針高探馬變一條鞭右拳鶯右腿隨拳窩裡蹢出倒馬鎈四平變身法回身勒馬聽風諸勢俱打一腿六腿左右通用本家俱有短腿可破又有還腿可用一鑽左上右鑽右上左鑽一踏左顛右踏右顛左踏左偷右踏右偷左踏一鎈一蹴一掛一跟一低彈演法凡學腿先虛學踢開腿後依法演習鑽腿虛學踏腿懸米袋或蒲團學鎈腿虛學或用柱掛蹴腿虛學或用掛柱

腿用柱學跟腿虛踢後用柱式彈腿用三尺長櫈豎
立或用石磤在平地上學
圓光手四平手腮肩手高搭手沉墜手釣脚行着短
打長拳卧魚脚踸一脚鬼撮脚伸一脚俱右俱用鐵
門拴即搶壁卧番身雙脚打重不倒身站法脚尖正
背人腿起如馬踢爲椿腿平踢爲彈腿習彈腿便捷
用櫈以脚凳豎地上彈腿踢去取平行不倒爲度習
彈腿力用磉石以踢遠磉石爲度習蹐腿虛腿用糠
懸梁上蹐腿高踢去復還以俱腰力爲主度習蹐腿
實腿用柱以樁腿踢柱上儘力爲度鈎腿指拳腿湾

向裡習樁腿則有力綿張拳護胷脇腰温拳護頭面頸脚要打高手亦取高專用脚以手輔之手不能當脚脚起半邊虛説不着温家高脚拄下用脚接低脚踢上用脚斷長拳張拳設套待彼入套本家設套待改調處疾遲迦死四勝左手如鑚錢右手如弄琴前腿如山後腿如撑前手如龍變化後手如虎靠山左右不離前後方鈎入眼不睫見鎗速進鈎連密莫犯莫敵點用單手送如點水蜻蜓有活動之意扎用雙手老實送一扎用稍一棍用根根稍互用步步進前如陰手棍陰手蓋陽手拏此是少林士眞妙訣扒止

左右打上搨不宜向下磕恐扒頭重難起也盤腿裡盤外盤腿

鎗

頭一合鎗先用圈鎗爲母後用封閉捉拏救護閃賺是花鎗名色叫做梨花擺頭第二合先有纏鎗後有攔鎗黃龍戰扦黑龍入洞拿鎗救護閃賺是花鎗名色叫做鐵子掃第三合鎗先有穿指鎗後有穿袖鎗鷂子拿鵪鶉救護閃賺是花鎗名色叫做鳳點頭第四合鎗先有白拿鎗後有進步鎗如猫捉鼠加朋退救護閃賺是花鎗叫做白蛇弄風第五合鎗先有迎

風鎗後有截進鎗四封四閉死中返活無中生有四面使鎗第六合 一截二進三拿四纏五攔六徹共加六路花鎗上有塲秦王摩旗下有塲撥草尋蛇中調四路閃賺梨花擺頭鐵掃子鳳點頭白蛇弄風

爾鎗動我鎗拿爾鎗不動我鎗發中間一點難招架指人頭取人面高低遠近通要見鎗勢浮腰索先取手後取脚取了脚與手閉住五路通傷口鎗有三件大病那三件大病一立身法不正二立當不上不照鼻尖中不照鎗尖下不照脚尖三件大病疾上又加疾扎了猶嫌遲

他使裡把門等我我將鎗閃向圈外攔拿放鎗他若一攔拿我我閃過圈裡進鎗他若使外把門等我我將鎗閃過圈裡纏拿放鎗他若一纏拿我我閃過圈外進鎗此順其勢而用之也他若使裡把門等我我用纏拿硬上一剳放鎗他纏拿我我閃從圈外進鎗他若使外把門等我我攔拿硬上一剳放鎗他攔拿我我閃從圈裡進鎗此逆其勢而用之也番來覆去我從圈裡放鎗他纏拿我我閃從圈外反攔拿他所謂死中反活也番來復去我從圈外放鎗他攔拿我我閃過圈裡反纏拿他所謂無中生有也拿圈裡鎗

爲纏拿爲封拿圈外鎗爲攔拿爲閉重手爲拿輕手爲封閉仰手向裡爲穿指陰手向外爲穿袖鳳點頭上下帶左右後手上下動上覷面下覷手白蛇動風右轉梨花擺頭左右上下鐵掃子左右動俯身者進仰身者退也纏拿伸前手後拿挨身身俯攔拿縮後手前手挨身身仰纏拿後手手心向裡攔拿後手手心向外老楊封閉皆用陰陽滚手老樊以爲滚手遲一着只兩手心俱向下拿定竿子救〇裡鎗只前手略左旋一〇打開爲封救〇外鎗只前手略右轉一〇爲閉手法甚緊其〇爲母雙手持鎗離彼前手前

三尺即放下前手將後手挨竿一轉進鎗其救下鎗爲提亦不全滾手略滾一半便轉手持中平鎗頭交三尺滾彼在○裡即轉右足兩手用氣力將竿捺住爲纏或彼抽出鎗札我○外即將竿從下向上一挑爲攔彼若使花鎗則纏攔不住我或用低鎗或用降鎗待彼將穿過時我鎗從上乘機疾札前手蓋彼以左穿右穿爲妙我正乘其穿而用之也穿指鎗從○外穿過札○裡我用仙人抱琵琶勢將前後手一縮向上托開穿袖鎗從○裡穿過札○外我用帖挑勢從下向上托開向左此二法纔用滾手以彼撒手進

鎗近也二鎗從下揭上此法一一楊所無
樊封閉移後脚左右孔鳳封閉移前脚左右離子午
松單手轉身進步送鎗本雙手跪進鎗濟寧吏單手
不進步送進鎗俱不離子午

一鎗桿疾藜條爲上栢條次之楓條又次之餘木不
可用

鎗制木桿上刃下鐏騎兵則鎗首之側施倒雙鉤倒
單鉤或桿上施環步兵則直用素木或鵶項鵶項者
以錫飾鐵嘴如烏項之白其小別有錐鎗梭鎗槌鎗
錐鎗者其刃爲四稜頗壯銳不可折形如麥穗邊人

謂爲麥穗槍梭槍長數尺本出南方蠻獠用之一手持旁牌一手摽以擲人數十步内中者皆踣以其如梭之擲故云梭槍亦曰飛梭槍槌鎗者木爲圓首教閲用之近邊臣獻太寧筆槍首刃下數寸施小鐵盤皆有刃欲刺人不能捉搦也以狀類筆故云

拒馬槍其制以竹若木三枝六首交竿相貫首皆有刃植地輒立貫處以鐵爲索更相勾聯或布陣立營拒險塞空皆宜設之所以禦賊突騎使不得騁故曰拒馬

繩縶槍頭則爲斜鞭繩離鎗頭尺餘則爲團腰斜鞭

左脚左手在前陰手使團腰右脚右手在前陰陽手使其妙在善收以鋏團恍人目則卽進鎗也吕公拐降鎗前有月牙鏟左搧右搧使孫臏拐小拐羣鎗亦降鎗前有鎗頭離頭一尺五置一横拐離一尺又置一横拐十字相交以折鎗竿長丈二三圓轉不停卽與狼筅降鎗同法

處州人使狼筅右脚右手在前陰陽手使擋扒亦多如此猶開弓之左右也

攻行守固法

凡鎗以動靜兩分動則爲攻靜則爲守攻内有行守

内有固此爲攻行守固以無爲是也凡攻至交姤得
氣處止棍頭接着爲得氣攻而有兩行則以守攻而
後行内有守攻而不行方激而後行以守激不行而
再激行得以前攻行激守皆爲正攻内有化爲斜以
金木水火土爲正五行五行有變上下跳躍走步謂
之不正爲斜斜偏也偏以勾膈劈絞爲外五行因偏
故不及子午正攻無制攻行之説乃進鎗之要訣也
外有虚空無之要乃攻行之内發用之道也
激爲問問之必荅問而無應者如癡啞之人面立也
戰鬭之機何以爲勝敗乎守固者皆爲備巳攻行者

諸能治人斜正交行内有酌見子午配合觀其動靜知識攻行化論故可以守待其動也神不定而心亂爲謂之不識斜正

右論攻行守固不在扎法内講

扎法

實扎　虚扎　拿扎　打扎　穿扎　滚扎

單手扎　扎中扎　三陽扎　挫手扎

有不犯五行扎

有量鎗扎　衝開子午之門　埋頭上扎先陰變陽攻拋高扎乃陽變陰攻此三扎不在五行虚實中

論

虛實有空忘勢爲無交合故有内去留之道分其濁辨其浮沉可取皆在於五行混濁之内紛紛逺逺周度無窮洞察玄微道合氣行有億萬化生學者可以詳究爲節萬無一失論中虛實　滚穿花浮爲虛打拿挫撲爲實　上抛　中量　下顛　扎内行空至極爲無伏虎等勢俱斜路棍習棍法兩敲卓離一尺高一尺

劍

電掣昆吾晃太陽

一升一降把身藏左右四顧四劍

搖頭進步風雷響

滾手連環上下防開右足一劍進左足一劍又左右各一劍收劍

左進青龍雙探爪縮退二步開劍用右手十字撩二劍刺一劍

右行單鳳獨朝陽用左手一刺跳進二步左右手各一挑左右手各一蓋右手一門轉步開劍作勢

撒花蓋頂遮前後右滾花六劍開足

雙豎劍

馬步之中用此方

蝴蝶雙飛射太陽右足進步右手來去二劍左足進步左手一刺一晃

梨花舞袖把身藏退二步從上舞下四劍

鳳凰浪翅乾坤少 進右足轉身張兩手仍翻手左手一劍右手來去二劍左手又劍開劍進右足

掠膝連肩劈兩旁

進步滿空飛白雪 從下舞上四劍先右手

回身野馬去思鄉 右手抹眉一劍右手抹脚一劍抹眉一劍左手抹腰一劍一刺右劍一手收劍

鏌鎁曾入千軍隊

以生牛皮裁成甲片用刀刮毛以破碗舂碎篩成半米大屑調生漆傳上則利刃不能入

刀

雙刀他若使一伏虎打我頭却以左手監住右手一抹刀若被他徹捧走了番身一抹刀他若使一水平鎗來扎我却以右手監住左手一抹刀他若使一禿龜來斫我却面以左手監住右手斫虎口他若使一單提來打我膀不拘左右以手監住一抹刀他若使老僧拖杖掃我脚以左監住右手一抹刀若徹捧走了就削虎口他若使一横龍鎗來扎我以左手監住右手一抹刀他若使一仙人教化來戳以左手監住右手一抹刀他若使一老鸛衔食來斫我脚以刀十字架住一刀就斫虎口他若使一鞭鋪來打我以右

手監住左手一抹刀他若使一舉手朝天來打我以
刀左手監住右手一抹刀他若使一虎歇勢來打我
不拘左右一手監住一抹刀用者有法

簡

簡破捧法簡有刺手臥步且如他一絞手掃賺疾便
把簡以左手監住右手刺胷若被他提立水走了番
身左手所右手刺右邊右手一般使用他若打一伏
虎以右手監住以右手刺心下若被他打腰以右手
監住左手刺左邊以左手監住右手刺之若使一水
平鎗來以左手監住右手刺喉下他若徹鎗走了便

隨他番身就斫刺肋下若接草打我頭以簡十字架住徹右手簡刺齊他若番鑽折我心就以右手簡住刺斫他若使老僧拖杖來掃我脚以簡監住不拘左右手刺之他若使一禿雞來折我脚面以左手監住右手刺之他使一虎歇勢來打我以右手監住左手刺之他若使一草提來打我膀不拘左右手簡監住刺之他若使果然強來掃我脚以左手簡監住右手刺之右邊以右手簡監住左手刺之他若使一黃龍鎗來擢我把脚步攝過來以左手簡監住以右手刺之他若後面打一伏虎來打我頭番身不拘左右簡

住刺肋下他若使一棒來打我耳根以右手撲開左手刺之他若使一下絞手來打我以左手簡監住右手刺之右邊以右手監住左手刺之他若使老鸛銜食來拆我脚面不拘左右手監住刺之他若使猿猴抱樹以簡抵住徹右手簡刺之若被他番鑽拆我心頭以簡監住刺之用者有法

且如他使一伏虎我却以左手打開右手打平他若使一禿竈來拆我脚面不拘左右手打開却打頭他若使一水平鎗平扎我以左手打開却以右手打頭他徹鎗走了番身却打他若使一果然強來掃我脚

却以左手打開右手打頭他若使一老鸛銜食來斫脚面却以左手打開右手打他若使一鎗來扎我膝不拘左右以手打開却打他若使一脚伏梁來打我膀以右手打開左手打頭他若使一老僧拖杖來掃脚不拘左右以手打開却打他若使一黄龍鎗來扎我却以左手打開右手打頭用者有法

鎚

夫鎚者暗器也不得已而用之步勢爲之黑星穿月流星鎚有二前頭者謂之正鎚後面手中提者謂之救命鎚用者有法上使撒花蓋頂下使枯樹盤根

扒

扒步勢謂之七賢過關若被他一伏虎打我頭我使一扒就地托起畨鑽拆心頭若被一棒打開我又復一扒他使一水平鎗來戳我一中横扒打開就戳蹶下他使一絞手打我脚一鑽住支又復一扒他若右邊使一絞手打我脚我使一鑽支住就發一鎗他若後一伏虎來打我頭畨身一鑽打開又復一扒打面他若使後頭戳一水平鎗來畨身一中横扒打開他若使一單提來打我膀一上横扒打開畨一鑽戳喉下使打開一横戳心下用者有法

攩

攩大進三步使小七星上存身臥步復回步角入步大量上托掩獲頭身脚步裡步外分左右要遮攔雙手雙脚要舉正不欲外視分圈裡圈外扎遠對棒不要懼飛身入合功難當上面來時弃口掩月下若扎賺疾使雞撥食就削中刺水平中橫攩打開疾莫上步左肋使天王托塔那步又助掩月向前鷂子翻身左邊若是棒家急進步一鎗一棒疾爲先海青拿鵝左手攢高右手將頭在地雙魚錢水中扎用之飛身追趕相隨步正面對機關不怕英鎗伏虎左右脇肋

切要護如若左邊一棒來一鑽打開提玉兎番身三滚手切莫向右走一頭了十頭低虎背山前威勢有九托三趕七番八拗十撲二十四打攩且如他打一伏虎一鑽打開復一横攩他若使水平鎗先來扎我我以一中横攩打開就削上去若使一絞手撺臁一鑽打開復一拍攩就削上去若使禿驅來折我脚面一鑽打開就削上去他若使一鞭鋪來打我膀一鑽打開復上一横攩削之他若使横龍鎗來扎我一上横攩打開就削之他若使一長行用來打我我以一鑽打開復一横攩就削之上有機關下有散法

手战之道

纪效新书·拳经捷要篇

紀效新書卷十四

拳經捷要篇第十四

此藝不甚預於兵能有餘力則亦武門所當習但衆之不能强者亦聽其所便耳於是以此爲諸篇之末第十四

拳法似無預於大戰之技然活動手足慣勤肢體此爲初學入藝之門也故存于後以備一家學拳要身法活便手法便利脚法輕固進退得宜腿可飛騰而其妙也顛起倒插而其猛也披劈横拳而其快也活捉朝天而其柔也知當斜閃故擇其拳之善者三十二勢勢相承遇敵制勝變化無窮

微妙莫測窈焉冥焉人不得而窺者謂之神俗云拳打不知是迅雷不及掩耳所謂不招不架只是一下犯了招架就有十下博記廣學多算而勝古今拳家宋太祖有三十二勢長拳又有六步拳猴拳囮拳名勢各有所稱而實大同小異至今之溫家七十二行拳三十六合鎖二十四棄探馬八閃番十二短此亦善之善者也呂紅八下雖剛未及綿張短打山東李半天之腿鷹爪王之拿千跌張之跌張伯敬之打少林寺之棍與青田棍法相兼

楊氏鎗法與巴子拳棍皆今之有名者雖各有所取然傳有上而無下有下而無上就可取勝於人此不過偏於一隅若以各家拳法兼而習之正如常山蛇陣法擊首則尾應擊尾則首應擊其身而首尾相應此謂上下周全無有不勝大抵拳棍刀鎗叉鈀劒戟弓矢鈎鐮挨牌之類莫不先有拳法活動身手其拳也爲武藝之源今繪之以勢註之以訣以啟後學既得藝必試敵切不可以勝負爲愧爲奇當思何以勝之何以敗之勉而久試怯敵

還是藝淺善戰必定藝精古云藝高人胆大信不誣矣

余在舟山公署得参戎劉草堂打拳所謂犯了招架便是十下之謂也此最妙即棍中之連打

懶扎衣出門架子變
下勢霎步單鞭對敵
若無膽向先空自眼
明手便
金雞獨立顛起裝腿
橫拳相兼搶背臥牛
雙倒遭着叫苦連天

探馬傳自太祖諸勢可降可變進攻退閃弱生強接短拳之至善

拗單鞭黄花緊進披挑腿左右難防搶步上拳連劈揭沉香勢推倒太山

七星拳手足相顧挨
步逼上下隄籠饒君
手快脚如風我自有
攪衝劈重
到騎龍詐輸佯走誘
追入遂我回衝恁伊
力猛硬來攻怎當我
連珠砲動

懸腳虛餌彼輕進二
換腿决不饒輕趕上
一掌滿天星誰敢再
來比並
邱劉勢左搬右掌劈
來腳入步連心挪更
拳法探馬均打人一
着命盡

下插勢專降快腿得
進步攪靠無別鉤脚
鎖臂不容離上驚下
取一跌
埋伏勢窩弓待虎犯
圈套寸步難移就機
連發幾腿他受打必
定昏危

拋架子搶步披掛補
上腿那怕他識右橫
左採快如飛架一掌
不知天地
拈肘勢防他弄腿我
截短須認高低劈打
推壓要皆依切勿手
脚忙急

一霎步隨機應變左
右腿衝敵連珠恁伊
勢固手風雷怎當我
閃驚巧取
擒拿勢封脚套子左
右壓一如四平直來
拳逢我投活恁快腿
不得通融

中四平勢實推固硬
攻進快腿難來雙手
逼他單手短打以熟
爲乖
伏虎勢側身弄腿但
來凑我前撑看他立
站不穩後掃一跌分
明

雀地龍下盤腿法前
揭起後進紅拳他退
我雖顛補衝來短當
休延
朝陽手偏身防腿無
縫鎖逼退豪英倒陣
勢彈他一脚好教他
師也喪身

鴈翅側身挨進快腿
走不留停追上穿庄
一腿要加剪劈推紅
騎虎勢那移發脚要
腿去不使他知左右
跟掃一連施失手剪
刀分易

拗鸞肘出步顛剎搬
下掌摘打其心拿鷹
捉兎硬開弓手腳必
須相應
當頭砲勢衝人怕進
步虎直攛兩拳他退
閃我又顛踹不跌倒
他也忙然

順鸞肘靠身搬打滚
快他難遮攔復外絞
刷回拴肚搭一跌誰
敢爭前
旗鼓勢左右壓進近
他手橫劈雙行絞靠
跌人人識得虎抱頭
要躲無門
紀效新書拳經卷十四終

手战之道

王征南墓志铭

王征南墓誌銘 己酉

少林以拳勇名天下然主於搏人人亦得以乘之有所謂內家者以靜制動犯者應手卽仆故別少林爲外家蓋起於宋之張三峯三峯爲武當丹士徽宗召之道梗不得進夜夢玄帝授之拳法厥明以單丁殺賊百餘三峯之術百年以後流傳於陝西而王宗爲最著溫州陳州同從王宗受之以此教其鄉人由是流傳於溫州嘉靖間張松溪爲最著松溪之徒三四人而四明葉繼美近泉爲之魁由是流傳於四明四明得近泉之傳者爲吳崑山周雲泉單思南陳貞石孫繼槎皆各有授受崑山傳李天目徐岱岳天目傳余波仲吳七郎陳茂弘雲泉傳盧紹岐貞石傳董扶輿夏枝溪繼槎傳柴玄明姚石門僧耳僧尾而思南之傳

則爲王征南思南從征關白歸老於家以其術教授然精微所在則亦深自秘惜掩關而理學子皆不得見征南從樓上穴板窺之得梗槩思南子不肖思南自傷身後莫之經紀征南鬭之以銀卮數器奉爲美櫝之資思南感其意始盡以不傳者傳之征南爲人機警得傳之後絕不露圭角非遇甚困則不發嘗夜出偵事爲守兵所獲反接廊柱數十人轟飲守之征南拾碎磁偷割其縛探懷中銀望空而擲數十人方爭攫征南遂逸出數十人追之皆踣地匍匐不能起行數里迷道田間守望者又以爲賊也聚衆圍之征南所向衆無不受傷者歲暮獨行遇營兵七八人挽之負重征南苦辭求免不聽征南至橋上棄其負營兵拔刀擬之征南手格而營兵自擲仆地鏗然刀墮如是者數

人最後取其刃投之井中營兵索綆出刃而征南之法遠
矣凡搏人皆以其穴死穴暈穴啞穴一切如銅人圖法有
惡少侮之者爲征南所擊其人數日不溺踵門謝過始得
如故牧童竊學其法以擊伴侶立死征南視之曰此暈穴
也不久當甦已而果然征南任俠嘗爲人報讐然激於不
平而後爲之有與征南久故者致金以讐其弟征南毅然
絕之曰此以禽獸待我也征南名來咸姓王氏征南其字
也自奉化來鄞祖宗周父宰元母陳氏世居城東之車橋
至征南而徙同嶴少時隸盧海道若騰海道較藝給糧征
南嘗兼數人直指行部征南七矢破的補臨山把總錢忠
介公建　以中軍統營事屢立戰功授都督僉事副總兵
官事敗猶與華兵部勾致島人藥書往復兵部受禍讐首

未懸征南終身菜食以明此志識者哀之征南罷事家居慕其才藝者以爲貧必易致營將皆通慇懃而征南漠然不顧鋤地擔糞若不知己之所長有易於求食者在也一日過其故人故人與營將同居方延松江教師講習武藝教師倨坐彈三絃視征南麻巾緼袍若無有故人爲言征南善拳法教師斜盼之曰若亦能此乎征南謝不敏教師軒衣張眉曰亦可小試之乎征南固謝不敏教師以其畏己也强之愈力征南不得已而應教師被跌請復之再跌而流血破面教師乃下拜贄以二縑征南未嘗讀書然與士大夫談論則蘊藉可喜了不見其爲麤人也余弟晦木嘗揭之見錢牧翁牧翁亦甚奇之當其貧困無聊不以爲苦而以得見牧翁得交余兄弟沾沾自喜其好事如此予

嘗與之入天童僧山燄有膂力四五人不能掣其手稍近征南則蹶然負痛征南曰今人以內家無可眩耀於是以外家攙入之此學行當衰矣因許敘其源流忽忽九載征南以哭子死高辰四狀其行求予誌之余遂敘之於此豈諸時意之所及乎生於某年丁巳三月五日卒於某年己酉二月九日年五十三娶孫氏子二人夢得前一月殤次祖德以某月某日葬於同里之陽銘曰

有技如斯而不一施終不鬻技其志可悲水淺山老孤墳孰保視此銘章庶幾有考

手战之道

王征南先生传

王征南先生傳

征南先生有絕技二曰拳曰射然穿楊貫戟善射者古多有之而惟拳則先生爲最蓋自外家至少林其術精矣張三峰既精於少林復從而飜之是名內家得其一二者已足勝少林先生從學於單思南而獨得其全余少不習科舉業喜事甚聞先生名因裹糧至寶幢學焉先生亦自絕憐其技授受甚難其人亦樂得余而傳之有五不可傳心險者好鬭者狂酒者輕露者骨柔質鈍者居室欹窄習余於其旁之鐵佛寺其拳法有應敵打法色名若干長拳滚斫分心十字擺肘逼門迎風鐵扇棄物投先推肘捕陰彎心杵肋舜子投井剪腕點節紅霞貫日烏雲掩月猿猴獻果綰肘裹靠仙人照掌彎弓大步兌換抱月左右揚鞭鐵門閂柳穿魚滿肚疼連枝箭一提金雙架筆金剛跌雙推窗順牽羊亂抽麻燕擡腮虎抱頭四把腰等穴法若干死穴啞穴暈穴咳穴膀胱蝦蟆猿跳曲池鎖喉解頤合谷內關三里等穴所禁犯病法若干懶散遲緩歪斜寒肩老步腆胸直立軟腿脫肘戳拳扭臀曲腰開門捉影雙手齊出而其要則在乎鍊

鍊既成熟不必顧盼擬合信手而應縱橫前後悉逢肯綮其鍊法有鍊手者三十五斫削科磕靠擄逼抹芟敲搖擺撒鐮攝挽搭剪分挑綰衝鉤勒耀兌換括起倒壓發插削釣鍊步者十八墊步後墊步碾步冲步撒步曲步蹋步斂步坐馬步釣馬步連枝步仙人步分身步翻身步追步逼步斜步絞花步而總攝於六路與十段錦之中各有歌訣其六路曰佑神通臂最爲高斗門深鎖轉英豪仙人立起朝天勢撒出抱月不相饒揚鞭左右人難及煞鎚衝擄兩翅搖其十段錦曰立起坐山虎勢迴身急步三追架起雙刀斂步滾斫進退三迴分身十字急三追架刀斫歸營寨紐拳碾步勢如初滾斫退歸原路入步韜隨前進滾斫歸初飛步金雞獨立緊攀弓坐馬四平兩顧顧其詞皆隱略難記余因各爲詮釋之以備遺忘詮六路曰斗門左膊垂下拳衡上當前右手平屈向外兩拳相對爲斗門以右足踝前斜靠左足踝後名連枝步右手以雙指從左拳鉤進復鉤出名亂抽麻右足亦隨右手向左足前鉤進復鉤出作小蹋步還連枝○通臂長拳也右手先陰出長拳左手伏乳左手從右拳下亦出長拳右手伏乳共四長拳足連枝隨長拳微搓挪左右凡長拳要對直手背向內向外者即病法中徹拳○仙人朝天勢將左手長拳往右耳後向左前斫下伏乳左足搓左右手往左耳後向右前斫下鉤起關左拳背拘右拳正當鼻前以朝天勢右足跟劃進當前橫向外靠左足尖如丁字樣是爲仙人步凡步

俱蹲跌直立者病法所禁〇抱月右足向右至後大撒步左足
隨轉右作坐馬步兩拳平陰相對爲抱月復搓前手還斗門足
還連被仍回長拳歛左右拳然叉當胸陽面右外左內兩脇夾
脇〇揚躙足搓轉向後右足在前左足在後右足即前進追步
右手陽發陰膊直肘平屈橫前如角尺樣左手扯後伏脅一歛
轉面左手亦陽發陰左足進同上〇然鏈左手平陰屈橫右手
向後拋至左掌右足隨右手齊進至左足後〇衝擄右手向後
翻身直斫右足隨轉向後左足揭起左拳衝下着左膝上爲約
馬步此專破少林摟地挖金磚等法者右手擄左膀左手即從
右手內豎起左足上前逼步右足隨進後仍還連枝兩手仍還
斗門〇兩翅搖擺兩足搓右作坐馬步兩拳平陰着胸先將右
手掠開平直如翅復收至胸左手亦然〇詮十段錦曰坐山虎
勢起斗門連枝足搓向右作坐馬兩拳平陰着胸〇急步三追
右手撒開轉身左手出長拳同六路但六路用連枝步至槎轉
方右足在前仍爲連枝步而此用進退歛步循環三進〇雙刀
歛步左膊垂下拳直豎當前右手平屈向外叉左手內兩足際
歛步〇滚斫進退三廻將前手抹下後手斫進如是者三進三
退凡斫法上圓中直下仍倜如鉞斧樣〇分身十字兩手仍着
胸以左手撒開左足隨左手出右手出長拳循環三拳右手仍
着胸以右手撒開左足轉面左手出長拳亦循環三拳〇架刀
斫歸營寨右手復叉左手內斫法同前滚斫法但轉面只三斫
用右手轉身〇紐拳碾步拳下垂左手畧出右手下出上進俱
陰面左足隨左手右足隨右手搓挪不轉面兩紐〇滚斫退歸
原路左手翻身三斫退步〇縚搥連進左手平着胸畧撒開平

直右手覆拳挽上至左手腕中止左足隨左手入斂步翻身右
手亦平着胸同上〇滚斫歸初飛步右手斫後右足搓挪〇金
雞立緊攀弓右手復斫右足搓轉左拳自上插下左足釣馬進
半步右足隨還連枝即六路拳衝釣馬步〇坐馬四平兩顧即
六路兩翅搓擺還斗門轉坐馬搓擺六路與十段錦多相
同處大約六路練骨使之能緊十段錦緊後又使之放開先生
見之笑曰余以終身之習往往猶費追憶予一何簡捷若是乎
雖然予藝自此不精矣余既習其拳射則以無其器而僅傳其
法其射法一曰利器謂弓審矢弓必視乎已力之強弱矢又視
乎弓力之重輕寧手強於弓毋弓強於手如手有四力五力寧
挽三力四力之弓古者以石量弓今以力一個
力重九斤四兩三力四力之弓箭長十把重四錢五分五六力
之弓箭長九把半重五錢五分太約射的者弓貴寬箭貴輕槊
數者弓寧
寬箭寧重二曰審鵠鵠有遠近欲定鏃之所至則以前手高下
準之箭不知所落處是名野矢欲知落處則以前手之高下分
遠近如把子八十步前手與肩對一百步則與眼對一百
三四十步則與眉對最遠一百
七八十步則與帽頂相對矣三曰正體盎身有身法手有手
法足有足法眼有眼法射雖在手實本於身忌腆胸傴背須亦
如拳法蹲矬連枝步則身不動臂不顯

肩肘腰腿力萃於一處手法務要平直必左拳與左膊左肩及右肩右膊節節相對如引繩發箭時左手不知巧力盡用之右手左足尖右足跟與上肩手相應眼不可單看把子蓋眼在把子則手與把子反不相對矣只立定時將左足尖恰對垛心身體既正則手足自相應引滿時以右眼觀左手無不中矣然此雖精詳纖悉得專家之秘授者猶或聞之而惟是先生之所注意獨喜自負迥絕乎凡技之上者於拳則有盤斫拳家惟斫最重斫有四種滚斫柳葉斫十字斫雷公斫而先生另有盤斫則能以斫破斫於射則於斗室之中張弦白矢出而注鏃百發無失卷席作垜以發仰置桌上將席闊之使極平正以矢鏃對席心離一尺滿彀正體射之矢着席看其矢鏃偏向或左或右即時救正之上下亦然必使其矢從席鑽無聲而過則出而射鏃但以左足尖對之信手而發自然無失此則先生熟久智生劃焉心開而獨創者也方余之習拳於鐵佛寺也琉璃燐澹土木猙獰余與先生演肄之餘濁酒數杯團圞繞步候山月之方升聽溪流之嗚咽先生談古道今意氣忼慨因為余兼及槍刀劍鉞之法曰拳成外此不難矣某某處即槍法也某某處即劍

鉞法也以至卒伍之步伐陣壘之規模莫不淋漓傾倒曰我無傳人我將盡授之子矣余時鼻端出火興致方騰慕睢陽伯紀之爲人謂天下事必非齷齪拘儒之所任必其能上馬殺敵下馬擒王始不負七尺於世顧箭術雖授未嘗習其支左屈右之形因與先生約將於明年正月具是器而卒業焉然當是時西南既靖東南亦平四海晏如此眞挽强二石不若一丁之時家大人見余跅弛放縱恐遂流爲年少狹邪之徒將使學爲科舉之文而余見家勢飄零當此之時技即成而何所用亦遂自悔其所爲因降心抑志一意夫經生業擔簦負笈問途於陳子夔獻陳子介眉范子國雯萬子季野張子心友等而諸君子適俱亦在甬東先生入城時嘗過余齋談及武藝事猶爲余諄諄愷切曰拳不在多惟在熟練之純熟即六路亦用之不窮其中分

陰陽止十八法而變出卽有四十九又曰拳如絞花槌左右中前後皆到不可止顧一面又曰拳亦由博而歸約由七十二跌卽長拳滾斫分心十字等打法名色三十五拿卽斫㔉科磕靠等以至十八卽六路中十八法由十八而十二倒換搓挪滾脫牽縮跪坐撾拿由十二而總歸之存心之五字敬緊徑勁切故精于拳者所記止有數字余時注意舉業雖勉强聽受非復昔時之興會而先生亦且貧病交纏心枯容悴而憊矣今先生之死止七年干戈滿地鋒鏑縱橫吾鄉盜賊亦相蟻合流離載道白骨蔽野此時得一桑懌足以除之而二三士子猶伊吾于城門晝閉之中當事者命一二守壁相助等題以爲平盜之政士子摭拾一二兵農合之之語以爲經濟之才龍門子秦士錄曰使弼在必當有以自見言念先生竟空槁三尺蒿下寧不惜哉嗟乎先生不可作矣念當日得覓先生之學卽豈敢謂遂

有關于匡王定霸之畧然而一障一堡或如范長生樊雅等護保黨閭自審諒庶幾焉亦何至播徙海濱擔簦四顧望塵起而無遯所如今日乎則昔以從學于先生而悔者今又不覺甚悔夫前之悔矣先生之家世本末　家大人已爲之誌小子不敢復贅獨是先生之術所授者惟余〻既負先生之知則此術已爲廣陵散矣余寧忍哉故特備著其委屑庶後有好事者或可因是而得之也雖然木牛流馬諸葛書中之尺寸詳矣三千年以來能復用之者誰乎

手战之道

内家拳法

昭代叢書別集

歙縣張潮山來　漸進也同輯

吳江沈楙悳翠嶺校

內家拳法

餘姚黄百家主一著

自外家至少林其術精矣張三峯既精於少林復從而翻之是名內家得其一二者已足勝少林王征南先生從學於單思南而獨得其全余少不習科舉業喜事甚聞先生名因裹糧至寶幢學焉先生亦自絶

憐其技授受甚難其人亦樂得余而傳之有五不可傳心險者好鬭者狂酒者輕露者骨柔質鈍者居室敬從習余於其旁之鐵佛寺其拳法有應敵打法色名若干長拳滾斫分心十字擺肘逼門迎風鐵扇棄物投先推肘捕陰彎心杵肋舜子投井剪腕點節紅霞貫日烏雲掩月猿猴獻果綰肘裹靠仙人照掌彎弓大步兌換抱月左右揚鞭鐵門閂柳穿魚滿肚疼連枝箭一提金雙架筆金剛跌雙推窗順牽羊亂抽麻燕擡腮虎抱頭四把腰等穴法若干死穴啞穴暈穴咳穴膀胱蝦蟆猿跳曲池鎖喉解頤合谷內關三里等穴所禁犯病法若干嬾散遲緩歪斜寒肩老步腆胸直立軟腿脫肘戳拳紐臂曲腰開門捉影雙手齊出而其要則在乎練練既成熟不必顧盼擬合信手而應縱橫前後悉逢肯綮其練法有

鍊手者三十五斫削科磕靠擄逼抹芟敲搖擺撒鐮鬭兜搭剪分挑綰衝鈎勒躍兌換括起倒壓發插削鈎鍊步者十八墊步後墊步碾步冲步撒步曲步蹋步斂步坐馬步鈎馬步連枝步仙人步分身步翻身步追步逼步斜步絞花步而總攝於六路與十段錦之中各有歌訣其六路曰佑神通臂最為高斗門深鎖轉英豪仙人立起朝天勢撒出抱月不相饒揚鞭左右人難及煞鎚衝擄兩翅搖其十段曰立起坐山虎勢迴身急步三追架起雙刀斂步滾斫進退三迴分身十字急三追架刀斫歸營寨紐拳碾步勢如初滾斫退歸原路入步韜隨前進滾斫歸初飛步金雞獨立緊攀弓坐馬四平兩顧顧其詞皆隱略難記余因各為詮釋之以備遺忘詮六路曰斗門左膊垂下拳衝上當前右手平屈向外兩拳相對為斗門以右足踝前斜靠左足踝後名連枝步右手以雙指從左拳鈎進復鈎出名亂抽麻右足

亦隨右手向右足前約進復約出作小躍步還連枝○通臂長拳也右手先陰出長拳左手伏乳左手從右拳下亦出長拳右手伏乳共四長拳足連枝隨長拳微挨挪左右凡長拳要對直手背向內向外者即病法中戳拳○仙人朝天勢將左手長拳往右耳後向左前斫下伏乳左足挨左右手往左耳後向右前斫下鈎起閣左拳背拗右拳正當鼻前似朝天勢右足跟割進當前橫向外靠左足尖如丁字樣是爲仙人步凡步俱蹲煞直立者病法所禁○抱月右足向右至後大撒步左足隨轉右作坐馬步兩拳平陰相對爲抱月復挨前手還斗門足還連枝仍四長拳歛左右拳緊叉當胸陽面右外左內兩脅夾肋○揚鞭足挨轉向後右足在前左足在後右足即前進追步右手陽發陰臂直肘平屈橫前如角尺樣左手扯後伏脅一歛轉面左手亦陽發蓋左足進同上○煞腿左手平陰刷橫右手向後挑至左掌右足隨右手齊進至左足後○衝擄右手向後翻身直斫右足隨轉向後左足揭起左拳衝下若左膝上爲鈎馬步此專

破少林摔地挫金磚等法者右手擄左脅左手即從右手內豎起左足上前過步右足隨進後仍還連枝兩手仍還斗門○兩翅搖擺兩足搓右作坐馬步兩拳平陰着胸先將右手掠開平直如翅復收至胸左手亦然○論十段錦門坐山虎勢起斗門連枝足搓向右作坐馬兩拳平陰着胸○總步三追右手撒開轉身左手出長拳同六路但六路川連枝步至搓轉方右足在前仍為連枝步而此用進退斂步循環三進○雙刀斂步左轉垂下拳在臍當前右手平削向外叉左手內兩足緊斂步○滾斫進退三迴將前手抹下後手斫進如是者三進三退凡斫法上圓中直下仍圓如鉞斧樣○分身十字兩手仍着胸以左手撒開左足隨左手出右手出長拳循環三拳右手仍着胸以右手撒開左足轉面左手出長拳亦循環三拳○架刀斫歸營寨右手復又左手內斫法同前滾斫法但轉而只三斫川右手轉身○紐拳碾步拳下垂左手略出右手下出上進俱陰面左足隨左手右足隨右手搓挪不轉而兩紐○滾斫退歸原路左手

翻身三斫退步○輥隨進左手平着胸略撒開平直右手覆拳豎上至左手腕中止左足踏左手入斂步翻身右手亦平着胸同上○滾斫歸初飛步右下斫後右足搓挪○金雞立緊拳弓右手復斫右足搓轉左拳自上插下左足釣馬進半步右足隨還連使即六路拳術釣馬步○坐馬四平兩顧即六路兩翅搖擺還斗門轉坐馬搖擺六路與十段錦多相同處大約六路練骨使之能緊十段錦緊後又使之放開

先生見之笑曰余以終身之習往往猶費追憶子一何簡捷若是乎雖然子藝自此不精矣先生之所注意獨喜自負迥絕乎凡技之上者則有盤斫拳家惟斫最重斫有四種滾斫柳葉斫十字斫雷公斫而先生另有盤斫斫則能以斫破斫此則先生熟久

智生劃焉心開而獨創者也方余之習拳於鐵佛寺

也琉璃慘澹土木狰獰余與先生演肄之餘濁酒數杯闌闘繞步候山月之方升聽溪流之嗚咽先生談古道今意氣忼慨因爲余兼及槍刀劍鉞之法曰拳成外此不攤矣某某處即槍法也某某處即劍鉞法也以至卒伍之步伐陣壘之規模莫不淋漓傾倒曰我無傳人我將盡授之子余時鼻端出火興致方騰綦雕陽伯紀之爲人謂天下事必非齷齪拘儒之所任必其能上馬殺敵下馬擒王始不負七尺於世當是時西南既靖東南亦平四海宴如此其挽強二石

不若一丁之時家大人見余斯弛放縱恐遂流爲年少狹邪之徒將使學爲科舉之文而余見家勢飄零當此之時技卽成而何所用亦遂自悔其所爲因降心抑志一意夬經生業擔簦負笈問塗於陳子夔獻陳子介眉范子國雯萬子季野張子心友等而諸君子適俱亦在甬東先生入城時嘗過余齋談及武藝事猶爲余諄諄憶切曰拳不在多惟在熟鍊之純熟卽六路亦用之不窮其中分陰陽止十八法而變出卽有四十九叉曰拳如絞花槌左右中前後皆利不

可止顧一面又曰拳亦由博而歸約由七十二跌即長拳滾斫分心十字等打法名色三十五拿即斫削科磕靠等以至十八即六路中十八法由十八而十二倒換搓挪滾脫牽綰跪坐撾拿由十二而總歸之存心之五字敬緊徑勁切故精于拳者所記止有數字

余時注意舉業雖勉強聽受非復昔時之興會而先生亦且貧病交纏心枯容悴而憊矣今先生之死止七年吾鄉盜賊亦相蟻合流離載道白骨蔽野此時得一桑懌足以除之而二三士子猶伊吾于城門晝閉之中當事者命一二守堞相助等題以爲平盜之

政士子摭拾一二兵農合一之語以爲經濟之才能門子泰士錄曰使弼在必當有以自見言念先生竟空槁三尺蒿下寧不惜哉嗟乎先生不可作矣念當日得先生之學即豈敢謂遂有關于匡王定霸之略然而一障一堡或如范長生樊雅等護保黨閭自審諒庶幾焉亦何至播徙海濱擕簦四顧望塵起而無遯所如今日乎則昔以從學于先生而悔者今又不覺甚悔夫前之悔矣先生之術所受者惟余余既負先生之知則此術已爲廣陵散矣余寧忍哉故特備

著其委屑庶後有好事者或可因是而得之也雖然木牛流馬諸葛書中之尺寸詳矣三千年以來能復用之者誰乎

手战之道

目录

越女论剑[①]

赵晔[②]

越王[③]又问相国范蠡[④]曰："孤有报复之谋，水战则乘舟，陆行则乘舆。舆舟之利，顿[⑤]于兵弩。今子为寡人谋事，莫不谬者乎?[⑥]"范蠡对曰："臣闻古之圣君，莫不习战用兵。然行阵、队伍、军鼓之事，吉凶决在其工[⑦]。今闻越有处女[⑧]，出于南林[⑨]，国人称善。愿王请之，立可见。"越王乃使使聘之，问以剑戟之术。

注释

① 越女论剑：见《吴越春秋·勾践阴谋外传》，为《勾践阴谋外传》篇之一段，是说越王向"处女"请教"剑戟之术"的故事。标题为校注者所加。

② 赵晔：东汉史学家、文学家，字长君，会稽山阴（今浙江绍兴）人，著有《吴越春秋》《诗细》《历神渊》等。《后汉书·儒林列传》有传，其云："蔡邕至会稽，读《诗细》而叹息，以为长于《论衡》。邕还京师，传之，学者咸诵习焉。"

③ 越王：中国古代王爵封号之一。春秋时期越国君主允常称王，这是中国历史上第一位越王。本文所指，为允常之子勾践，公元前496—前465年在位，

曾败于吴国，被迫求和，返国后重用范蠡、文种，卧薪尝胆使越国国力逐渐得以恢复。

④ 范蠡：字少伯，春秋末楚国人，后为越国大夫。越为吴所败时，曾随越王勾践作为人质，被押解到吴国受奴役三年，回越后帮助勾践灭掉吴国。

⑤ 顿：通“钝”，不锋利。此处作“不便利”。

⑥ 莫不谬者乎：难道不是荒谬的吗？莫不，莫非、难道之意；谬，错误的、不合情理的。

⑦ 工：指具有一技之长的人才。《仪礼·燕礼》“席工于西阶上”句注解：“凡执技艺者称工。”

⑧ 处女：指未出嫁的女子。

⑨ 南林：徐天祜注云：“《越旧经》，南林在山阴县南。”徐天祜，字受之，山阴人，景定三年（1262 年）进士，时年尚英妙，为大州教授，日与诸生讲经义，听者感发。德祐二年（1276 年），以文林郎国子监库官召，不赴，退归城南，杜门读书。及文天祥被执以死，徐天祜与王英孙并为衣冠避乱者所宗。四方学者至越，必进谒。天祜高冠大带，议论卓卓，见者咸以为仪刑。尝为《吴越春秋》作注。后人多误其为“徐天祐”，《诗经·小雅·信南山》云：“受天之祜。”其字为“受天”，当名“天祜”，作“祐”者误。

今译

越王勾践又问相国范蠡说：“我有报仇的计划，水战就要乘船，如果是陆路行军就乘车。但是车和船的便利，比不上弓和弩。现在您给我谋划战事，难道没有不合情理的吗？”范蠡回答说：“我听说古代的圣君，都善于用兵打仗，但是军队的行列队形、组织编制、击鼓进军等具体的事情，胜败取决于有特长的人才。现在我听说越国有个处女出生于南林，国人都称赞她有本事。希望您聘请她，便可立即见到。”越王于是派使者去聘请，向她请教使用剑戟的方法。

处女将北见于王，道逢一翁，自称曰袁公，问于处女："吾闻子善剑，愿一见之。"女曰："妾不敢有所隐，惟公试之。"于是袁公即杖箖箊竹①，竹枝上颉桥②，末堕地，女即捷末。③袁公操其本而刺处女，处女应即入之，三入，因举杖击袁公，④袁公则飞上树，变为白猿。遂别去。

注释

① 杖箖箊竹：杖，疑为"拔"之误。徐乃昌曰："按《艺文》九十五引作，即拔箖箊竹。"箖箊（lín yū），竹名。徐天祜注云："箖箊，竹名。箖，直寻切；箊，央鱼切。《吴都赋》：其竹则篔筜箖箊。"晋戴凯之《竹谱》云："箖箊，叶薄而广，越女试剑竹是也。"

② 颉桥：疑为"枯槁"之误。《艺文类聚》卷九十五引《吴越春秋》作"枯槁"。

③ 于是袁公……女即捷末：徐天祜注云："《艺文类聚》引《吴越春秋》越女善剑事，与此小异，曰：袁公即挽林内之竹，似枯槁，末折坠地，女接取其末。此书'未'字当作'末'，'捷'通作'接'。《易》：'昼日三接。'《礼记》：'太子生，接以太牢。'《左传》：'子同生，接以太牢。'注并音捷。"

④ 袁公操……击袁公：此二十三字，四部丛刊本无，据《艺文类聚》卷九十五"猿"条引文补入。

今译

处女将到北方去见越王，路上遇一老翁，说自己叫袁公，他问处女说："听说你善于剑术，希望能见识一下。"处女说："我不敢有所隐瞒，请您试一下吧。"于是袁公拔了一枝箖箊竹，竹子的上部已经干枯，竹梢掉在了地上，处女便拿起这段竹梢。袁公拿着竹竿来刺击处女，处女趁势让袁公前来刺击，三次之后，便举起竹梢刺击袁公，袁公却飞身上树，变为一只白猿。于是分别而去。

见越王，越王问曰："夫剑之道则如之何？"女曰："妾生深林之中，长于无人之野，无道不习[①]，不达诸侯，窃好击之道，诵之不休，妾非受于人也，而忽自有之。"越王曰："其道如何？"女曰："其道甚微而易，其意甚[②]幽而深。道有门户[③]，亦有阴阳[④]。开门闭户，阴衰阳兴。凡手战之道，内实精神，外示安仪；见之似好妇，夺之似惧虎；布形候气，与神俱往；杳之若日，偏如滕兔[⑤]；追形逐影，光若佛仿[⑥]；呼吸往来，不及法禁[⑦]；纵横逆顺，直复不闻。斯道者，一人当百，百人当万。"王欲试之，其验即见[⑧]。越王即加女号，号曰：越女。乃命五板之堕长高习之教军士[⑨]，当世胜越女之剑[⑩]。

注释

① 无道不习：道，此处作介词用，"从，由"之意。如《汉书·淮南王传》："诸使者道长安来"。不，语气助词，无实意。如《诗·小雅》："徒御不惊，大庖不盈。"《毛传》云："不惊，惊也；不盈，盈也。"

② 甚：底本（四部丛刊本）作"其"，据"随庵丛书本""龙谿精舍本"改。

③ 门户：古代的门与户有别，一扇曰户，两扇曰门。此处"门"作"大道，即正确的途径"；"户"作"小道，即歪门邪道"。故此下文方可讲"阴阳"。"门户"，也作武术用语，犹"架势"之意。如《水浒传》第九回："（洪教头）把棒来尽心使个旗鼓，吐个门户，唤作'把火烧天势'"。

④ 阴阳：古代朴素唯物主义思想家把矛盾运动中的万事万物概括为"阴"

"阳"两个对立的范畴，并以双方变化的原理来说明物质世界的运动。如天地、日月、男女等皆分属阴阳。阴阳双方相待而变，阴胜则阳衰，阳盛则阴衰，盈虚消长而循环往复。

⑤ 偏如滕兔：偏，"偏远"之意。滕，徐天祜注云"滕"当作"腾"。腾兔，即月亮。

⑥ 佛仿：即仿佛。《说文》曰："佛仿，相似、视不审也。"

⑦ 不及法禁：即不触犯法禁。

⑧ 见：同"现"。

⑨ 乃命五板之堕长高习之教军士：徐天祜注云："《诗》注：一丈为版，五版为堵。《左传》五版为堵，五堵为雉。'版'亦作'板'，此'堕'疑当作'队'，'长'疑是上声，'高'或人名也。"此句《太平御览》卷343兵部74"剑中"条引文作："乃命五校之队长、高才习之，以教军人。""五校"，汉时对步兵、屯骑、长水、越骑、射声五校尉的合称。荀悦《申鉴·时事》云："掌军功爵赏，小统于五校，大统于太尉。"黄省曾注："五校者，一曰屯骑，二曰越骑，三曰步兵，四曰长水，五曰射声。俱掌宿卫兵，所谓大驾，卤簿、五校在前是也。"此处"五校"泛指各支军队。从前后文来看，此句当以《太平御览》引文为准。

⑩ 当世胜越女之剑：徐天祜注云："胜"字上疑当有"莫能"二字。《太平御览》卷343兵部74"剑中"条引文作："当此之时皆称越女剑。"

今译

处女见了越王，越王问她说："剑的道术是怎样的？"处女说："我出生在深山之中，成长在无人的荒野，没有什么地方可以学习，且不与诸侯相往来。我只是私下喜欢击剑之术，所以一直不停地念诵它。我的剑术不是从别人那儿学来的，而是突然之间自己悟出来的。"越王问："那击剑的方法是怎样的？"处女说："这方法微妙却简单，旨意则隐晦深奥。方法有门户，也有阴阳。门户就有开闭，阴阳就有兴衰。大凡格斗的原则：内部要充实精神，外表要显得安稳、庄重；看上去好像善良的妇女，争夺时要像受惊的猛虎一般；摆布架势，运转精气，要与精神一同前往；深广得像太阳，偏远得像月亮；追逐它们的形影，像光一样似有若无；呼吸的往复，不触犯法禁；纵横逆顺的攻击，无论向前还是再次回击，都不被人听见。具有这种剑术的人，一人可以抵挡百人，百人可以抵挡万人。您若想试验一下，那效果立即会表现出来。”越王立即赐予处女名号，称为“越女”。于是下令让各军营的队长和才能较高的人学习剑术，然后教给士兵。当时没有人能胜过越女的剑术。

搏者张松溪传

沈一贯[1]

我乡弘正[2]时，有边诚[3]，以善搏闻。嘉靖末，又有张松溪，名出边上。张，衣工[4]也，其师曰孙十三老，大梁街人，性粗戆[5]。张则沈[6]毅寡言，恂恂如儒者。张大司马[7]罢而家居，引体抗然，坐之上座，云[8]：“边师之徒，袒裼扼捥[9]，嗔目语难。而张乃摄[10]衣冠，不露肘。边师喜授受，显名当世。而张常自匿，人求见辄谢去。边师之弄技，进退开阖[11]，有绪如织。而张法直截，尝曰：‘一棒[12]一痕，吾犹轻之，胡暇作此㚇㚇[13]闲事。’边尝北游，值六马驾，负其力，肩之不胜，出于轮而病伛。[14]有少林僧数十辈寻边，边迁延之，至日晡[15]与斗，烛入灭烛，而跃坐梁上，观诸僧自相击于暗中，而乘其毙，大抵间用术。”

注 释

① 沈一贯（1531—1615年）：字肩吾，又字不疑、子唯，号龙江，又号蛟门，鄞县（今宁波）栎社沈家人，明朝万历年间首辅。隆庆二年登进士第，改

庶吉士，授检讨，历充纂修官、南京礼部尚书、东阁大学士、晋太子少保、户部尚书、武英殿大学士、吏部尚书，身后赐太傅，谥文恭。张居正去位后，入阁参预机务。史书载“一贯之入阁也，辅政十有三年，当国者四年，枝柱清议，论者丑之。”

明万历三十四年，沈一贯因受弹劾而上疏告退，家居十年，《搏者张松溪传》或作于此一时期。

② 弘正：即弘治（1488—1505年）、正德（1506—1521年）年间的合称。

③ 边诚：《文渊阁四库全书补遗》卷四百十九作“边城”；清乾隆间曹秉仁所修《宁波府志》卷三十一“艺术”作“边澄”，并有《边澄传》：

明边澄，慈溪人。年十五时，闻王荆公祠祈梦有验，诣祠祷曰：“愿学一艺立名。”梦鬼卒手教之搏，自是有绝力。已而客山东，戏以肩当下坡车，车止不行。闻少林寺僧以搏名天下，托身居爨下者三年，遂妙悟搏法。一日，辞主僧归，主僧念其劳，欲教之。对曰：“澄已粗得其略。”试之，果出诸学者右。后游行江湖间，莫有敌者。尝饮姚江酒市，醉忤一力士，力士乃豪贵子，即求澄与角。力士北，愧忿，因哄其党百余人围捕之。澄不动，直持帨缠其槊，举足一奋，出群槊外，众遂投槊伏谢。正德间，倭寇来贡，有善枪者，闻澄名，求一角。太守张津许之。倭十余辈，各执枪争向，澄举扒一麾，枪皆落。后者复枪围之，澄一作声，直超其围，抽扒拟一二倭而弗杀，以示巧。守叹曰：“亦足为国家!”重赏之。时江彬率边兵数万，从驾南巡，将回銮，彬谓“南兵不如北之勇”，欲留镇守南。司马乔宇坚执不可，谓“南兵亦自足用，请会南北兵校艺。”于是檄取澄及金华绵章，二人应募至京，宇乃与彬集演武场试之。北兵举双刀，捷如弄丸，澄挺击之，两刀齐折，北兵气沮，宇遂罢镇守之议。市人不识者，或侮之，多不较，若无技能，人人以是多之。

④ 衣工：即制衣工匠。如晋代郭泰机《答傅咸》：“衣工秉刀尺，弃我忽若遗。”唐代李白《送杨少府赴选》：“衣工剪绮绣，一误伤千金。”

⑤ 粗戆（gàng）：戆，作傻、愣、鲁莽之意。粗戆，即粗莽戆愚。

⑥ 沈：同“沉”。

⑦ 张大司马：官职名，明代用作兵部尚书的别称。张大司马，即张时彻（1500—1577年），字维静，号东沙，又号九一。明代鄞县布政张家潭村（今古林镇）人。曾为明代福建参政，官至兵部尚书。

⑧ 云：《四明文徵》（以下称“约园本”）作“曰”。

⑨ 袒裼扼腕：袒裼，脱衣露体、赤膊。扼捥，用一只手握住另一只手腕，表示振奋、惋惜、愤慨等情绪。捥，古同“腕”，“约园本”作“腕”。故“袒裼扼腕，嗔目语难”，是形容边澄的徒弟粗野、无礼。

⑩ 摄：揭起、提起之意，引申为整理。如《史记·管晏列传》：“晏子惧然摄衣冠谢。”苏轼《后赤壁赋》：“予乃摄衣而上。”故“摄衣冠，不露肘”，形容张松溪的儒雅之貌。

⑪ 开阖：阖，底本作“辟”，据“约园本”改。开阖，即开启与闭合。

⑫ 棒：底本作“捧”，据“约园本”改。

⑬ 嵏嵏（zōng）：《说文·夊部》云：“嵏，敛足也。‘鹊鵙丑，其飞也嵏。’从夊凶声。子红切。”《尔雅·释鸟》作“鹊鵙丑，其飞也翪”，注云“竦翅上下”，即扇动翅膀上下飞。故文中“嵏嵏”是形容上下翻飞的花法武艺。

⑭ 边尝北游……病伛：见注释②《边澄传》。六马，秦代以后，皇帝之车驾用六马。

⑮ 日晡：指申时，即午后三点至五点。

今译

弘治正德年间，我的家乡有位叫边澄的人，以擅长拳技而闻名。嘉靖末年，又有张松溪，名声更在边澄之上。张松溪为裁缝，他的老师叫孙十三老，为大梁街人，性格粗莽戆愚。而张松溪则深沉文静，不爱多说话，谦恭的像个儒士。时大司马张时彻被罢免官职闲居在家，然志气高亢，坐在上位，说：“边澄的徒弟，粗鲁无礼，而张松溪则儒雅有加。边澄喜欢教授武技，扬名当世，而张松溪则时常隐居，有人求见时总是推辞不见。边澄舞枪弄棒，进退开合，一招一式，皆有章法。而张松溪的技法则简单直接，他常说：‘一棒一痕迹，我尚且不看重，哪有时间习练花法武艺。’边澄曾经游历北方，用肩扛住六马的车驾，使之不能动，因此而患了佝偻病。有十多个少林僧人寻找边澄，边澄拖延至傍晚，与之搏斗。掌灯进入而灭之，后跃坐于房间大梁上，看那些僧人互相在黑暗中殴打，并乘机击毙，大都用这类方法。”

倭乱时，少林僧七十辈，至海上求张，张匿不见，好事少年怂恿之。僧寓迎凤桥酒楼，张与少年窥其搏，失哂①，僧觉遮之。张曰：“必欲一试者，须呼里魁合要②，死无所问。”张故孱然中人③耳，僧皆魁梧健力，易之诺为要。张衣屦④如故，袖手坐，一僧跳跃来蹴，张稍侧身，举手而送之，如飞丸度窗中，堕重楼下，几死。盖其法云：搏，举足者最下，易与也。

注释

① 哂（shěn）：微笑。

② 里魁合要：里魁，即里长。《后汉书·百官志五》云：“里有里魁，民有什伍，善恶以告。”《宋书·百官志下》：“五家为伍，伍长主之；二伍为什，什长主之；十什为里，里魁主之。”台湾地区至今还设有“里长”。合要，即核验、印证。

③ 张故孱然中人：故，同“固”，原来、本来之意。孱（chán），瘦弱的样子。中人，即中等的人，常人。《汉书·食货志上》：“数石之重，中人弗胜。”颜师古注：“中人者，处强弱之中也。”这是相对少林僧“魁梧健力”的身体而言。

④屦（jù）：指用麻、葛等制成的单底鞋。《诗经·葛屦》："纠纠葛屦，可以履霜。"明人李昌祺《剪灯馀话·洞天花烛记》："忽有二使，布袍葛屦，联袂而来。"

今译

倭寇犯边的时候，有少林僧七十余人，求见张松溪，张避匿不见，有少年好事者怂恿他。少林僧住在迎凤桥酒楼，张松溪与少年偷看少林僧人练武，不小心笑了出来，被少林僧发现后阻止。张松溪说："如果想要比试，必须让里长见证，死伤责任自负。"张松溪本来就是一个身体瘦弱的普通人，而少林僧都是魁梧有力之人，互相交换承诺约定。张松溪穿着与以前同样的衣服，袖手而坐，一个僧人跳跃过来踢他，张松溪稍一侧身，顺势举手一送，那僧人便像飞丸一样飞出窗外，掉下楼差点死去。所以技击的原则为：抬脚为最下之策，非常容易露出破绽。

张尝被监司①征，使教战士，终不许，曰："吾盟于师者严，不授非人。"张尝踏青郊外，诸少年邀之，固不许。还及门，诸少年戒守者曰②毋入。张闭之月城③中，罗拜④曰："今进退无所，且微观者，愿卒惠之。"张不得已，许之。门多圜⑤石，可数百斤者，命少年累⑥之，累之不能定。张手定之，稍支以瓦，而更累一于其上，祝曰："吾七十老人，无所用，傥⑦直劈到底，供诸君一咲⑧，可乎?"举左手，侧而劈之，三石皆分为两。

注释

① 监司：监察州县的地方长官简称。明代按察使因掌管监察，故亦称监司。

② 曰：底本无，据“约园本”补入。

③ 月城：即瓮城，指围绕在城门外的半圆形小城。

④ 罗拜：四面围绕着下拜。《三国志·魏志·张辽传》：“所督诸军将吏皆罗拜道侧，观者荣之。”

⑤ 圜：同“圆”。清人姚鼐《登泰山记》云：“石苍黑色，多平方，少圜。”“约园本”作“回”。

⑥ 累：重叠之意。《楚辞·招魂》：“层台累榭，临高山些。”

⑦ 傥：同“倘”。

⑧ 咲（xiào）：同“笑”。宋人梅尧臣《依韵和徐元舆读寄内诗戏成》：“水客莫惊咲，云间比翼多。”

今译

张松溪曾经被地方官征召，让他教授士兵武技，却总是不答应，说：“我向师傅发过严誓，不教不称职的人。”有次张松溪在郊外踏青，一群少年要挟教其武技，他坚决不答应。回去到达城门的时候，少年们堵住不让进入。张松溪被围堵在瓮城内，少年们环绕下拜，说：“现在你没有退路，按你的意愿，希望能尽力教与我们。”张松溪无可奈何地答应了他们。城门口有许多圆石，重达数百斤，张松溪让他们将两块圆石叠起来，迭起却无法固定。张松溪用手稳住，并用瓦片垫住，再迭一块圆石在上面，然后说：“我一七十岁老人，已无用处，假如能把这些圆石直劈到底，以博诸位一笑，好不好?”张松溪举起左手，斜劈而下，三块圆石都分为两半。

张终身不娶，无子，事母以孝闻，死于牖下[①]。所教徒厘厘[②]一二，又不尽其法。余尝从其徒问之，曰：“吾师尝观矛[③]师，矛师夸吾师，曰：‘何如?’师曰：‘吾不知。’吾党问之，师曰：‘夫刺则刺矣，而多为之拟[4]斯，心则岐[5]矣，尚得中耶?'”余闻而憬然[6]，因忆往时，尝问王忠伯[7]：“边人[8]何技而善战?”忠伯言：“边人无技，遇虏近三十步，始发射。短兵接，直前攻刺，不左右顾者胜，瞬者不可知，旁视死矣!”今张用此法。又悟北宫黝之养勇也，不肤挠，不目逃[9]，非谓不被人刺。至挠且逃，直如飞蝇之着体；忘挠与逃，鼓精奋神，专笃无两。雷万春面集七矢而不动[10]，是矣!

注 释

① 死于牖下：牖（yǒu），指窗户。牖下，户牖间之前。指平平淡淡地终其天年。

② 厪（jǐn）：同“仅”。“约园本”作“仅仅”。

③ 矛：“约园本”作“予”，后同。但若为“予”，则与“吾”同义，于文意不合。矛师为何人，暂不可考。

④ 拟：比画之意。《汉书·李广苏建传》：“复举剑拟之。”晋代干宝《搜神记》：“客以剑拟王，王头随堕汤中。”

⑤ 岐：同“歧”。“约园本”作“歧”。

⑥ 憬（jǐng）然：醒悟的样子。清人袁枚《随园诗话》卷六云：“余憬然自悔，仍用前句。”

⑦ 王忠伯：与沈一贯交游甚密，其生平暂不可考。沈一贯曾为其作寄赠诗三首（《寄王忠伯》《送王忠伯太史使秦陇》《寄赠王忠伯云中》，见：沈一贯《喙鸣诗集》），或可略窥一二。

⑧ 边人：指驻守边境的官兵、士兵等。唐朝王建《送人》诗云：“边人易封侯，男儿恋家乡。”明代刘基《关山月》：“愿得驰光照明主，莫遣边人望乡苦。”

⑨ 北宫黝……不目逃：北宫黝，古代齐国勇士。肤挠，谓肌肤被刺而屈服，犹言示人以弱。目逃，谓眼睛受到突然刺激而避开，形容心存怯懦。见《孟子·公孙丑上》：“北宫黝之养勇也，不肤挠，不目逃。”北宋经学家孙奭疏云：“言北宫黝之养勇，人刺其肌肤，不为挠却；人刺其目，不以目转睛而逃避。”

⑩ 雷万春面集七矢而不动：雷万春，河北涿州人，唐代张巡偏将。安禄山叛变，其将令狐潮围攻雍丘，万春上城答话，敌伏弩忽发，七箭中万春面，万春不动，令狐潮疑为木刻假人，及知真乃其人，令狐潮大惊。《新唐书》卷二一五有雷万春传。南宋范成大有《雷万春墓》诗一首：“九陨元身不陨名，言言千载气如生。欲知忠信行蛮貊，过墓胡儿下马行。”

今译

张松溪终身不娶，没有后代，以侍奉母亲而有孝名，后来寿终正寝。教授的徒弟仅有几人，且又没有完全学得。我曾经问其徒弟关于他的事迹，徒弟说：“我的师傅曾经看茅师傅演练武技，茅师向张师炫耀其技，问：‘怎么样?’师傅说：‘我不知道。’我们问师傅，师傅说：‘刺就是刺，但大多为比画之作，心都走入了歧途，还能达到中正吗?’”我听后恍然大悟，因而想起以前，曾经问王忠伯：“戍边官兵有什么武技而善战?”忠伯说：“官兵没有什么特别的武技，当敌人近前三十步之内时，才开始射击。短兵相接之时，径直向前攻刺，不左顾右盼者会赢，惊恐的人不知道会怎样，左右顾的人则会死。”如今张松溪即用此方法。又想到齐国勇士北宫黝培养勇气，人刺他的肌肤不会屈服，刺他的眼睛而不逃避，并不是说不被人刺。又屈服又逃跑，简直像蝇虫在身一样；忘记屈服与逃跑，鼓足精神勇气，是独一无二的专心。唐代猛将雷万春面中七箭而纹丝不动，就是这样的。

张有五字诀，曰勤，曰紧，曰径，曰敬，曰切。其徒秘之，余尝以所闻妄为之解。

曰勤者，盖早作晏休[1]，练手足力，少睡眠，薪水井臼必躬。陶公致力中原，而恐优逸不堪，以百甓从事，[2]此一其素[3]也。

曰紧者，两手常[4]护心胸，行则左右护胁。击刺勿极[5]其势，令可引[6]而还。足缩缩[7]如有循，勿举高蹈阔，丁不丁，八不八。可亟进，可速退。心常先觉，毋令智昏。立必有依，勿虚其后。众理会聚，百骸皆[8]束，猬缩[9]而虎伏。兵法所谓“始如处女，敌人开户”[10]者，盖近之。

曰径，则所谓后如脱兔，超不及距者。[11]无再计，无返顾，勿失事机，必中肯綮[12]。既志其处，则尽身中一毛孔力，咸[13]向赴之，无参差，若猫捕鼠。然此二字，则击刺之术尽矣！[14]

曰敬者，儆戒自将，勿露其长，好胜[15]者必遇其敌，其防其防。温良俭让，不忮不求[16]，何用不臧。

曰切者，千忍万忍，掐指龁[17]齿，勿为祸先，勿为福始[18]，勿以身轻许人。利害切身，不得已而后起。一试之后，可收即收，不可复试。虽终身不见其形，不成其名，而无[19]所悔。盖结冤业者，永无释日；犯王法者，终无贳[20]期。得无慎诸?

闻张之受于孙，惟前三字，后二字张所增也，其戒心又如此。君子曰：儒者以忠信为甲胄，礼义为干橹，[21]岂不备哉！使人畏而备之，孰与夫使人无畏而无备之为周? 夫学技以备患，而虑患乃滋甚，则焉用技? 恃技而不虑患，患又及之，技难言矣！故君子去彼处此。

注释

① 早作晏休：早作，即早起。《后汉书·列女传·曹世叔妻》：“晚寝早作，勿惮夙夜。”晏休，晚睡。“约园本”作“晏作”，不确。明人王慎中《送程龙峰郡博致仕序》：“早作晏休，不少惰怠，耳聪目明，智长力给。”

② 陶公……百甓从事：陶公，即陶侃，晋人，陶渊明曾祖。此句出自《晋书·卷六十六·陶侃列传》：“侃在州无事，辄朝运百甓于斋外，暮运于斋内。人问其故，答曰：‘吾方致力中原，过尔优逸，恐不堪事。’其励志勤力，皆此类也。”这是说陶侃在广州无事时，早上把百砖搬至书房外，傍晚又运回。人问其缘由，陶侃回答：“我正在致力于收复中原失地，过分的悠闲安逸，唯恐不能承担大事。”作者举陶侃之例，特为突出一“勤”字耳。

③ 素：此处作“本质，本性”解。

④ 常：“约园本”作“当”。

⑤ 极：穷尽，竭尽。

⑥ 引：退避。《战国策》：“引自江北”。

⑦ 缩缩：恭谨貌。唐顺之《户部郎中林君墓志铭》：“居乡缩缩，循谨甚。”

⑧ 皆：底本作“谐”，据“约园本”改。

⑨ 猬缩：刺猬遇敌则缩，比喻人畏缩不前。此处作“蜷缩”解。

⑩ 始如处女，敌人开户：此句出自《孙子·九地》：“是故始如处女，敌人开户；后如脱兔，敌不及拒。”是说战争开始前要像处女一样沉静柔弱，诱使敌人放松戒备；战斗开始后要行动迅速，使敌人措手不及，无从抵抗。又《吴越春秋·勾践阴谋外传》：“静若处女，动若脱兔。”其意相同。

⑪ 曰径……不及距者：见“注释⑩”。

⑫ 肯綮：筋骨结合的部位，比喻要害或最重要的关键。明人宋濂《故奉训大夫王府君墓志铭》：“为定远县吏，出谋发虑，皆中肯綮。”

⑬ 咸：全部，都。

⑭ 然此二字，则击刺之术尽矣：“约园本”此句作“然则三字中，击刺之术尽矣”。若以“约园本”为是，则“三字”是指“勤、紧、径”。然“勤”字并非击刺之术，只有“紧”与“径”方可称击刺之术。因此，此句以底本为是。

⑮ 胜：“约园本”作“敌”。

⑯ 不忮不求：忮，嫉妒。求，贪求。出自《诗经·邶风·雄雉》：“百尔君子，不知德行。不忮不求，何用不臧。”

⑰ 齩（yǎo）：同“咬”。

⑱ 勿为祸先，勿为福始：出自《庄子·刻意》：“不为福先，不为祸始，感而后应，迫而后动，不得已而后起。”

⑲ 无：底本作“亡”，据“约园本”改。

⑳ 贳（shì）：赦免，宽纵。《汉书·张敞传》：“因贳其罪。”

㉑ 君子曰……为干橹：干，小盾。橹，大盾。此句出自《礼记·儒行》：“儒有忠信以为甲胄，礼义以为干橹；戴仁而行，抱义而处。”

今译

张松溪五字诀，叫作“勤、紧、径、敬、切”。他的徒弟秘不示人，我以曾经所听到的做虚妄的解释。

勤，就是早起晚睡，练习手力脚力，少睡觉，亲自操持家务。晋代陶侃致力恢复中原，怕过分的悠闲放逸担不了大事，因此每天搬百砖以训练体力，这是关于本性的东西。

紧，两手护胸，行时护住左右肋部。击刺不要穷尽其势，以便可以从容收还。进退要有法度，不要举高蹈阔，不丁不八。可以急速前进，也可以快速后退。心要经常有所觉察，切勿神志迷乱。站立一定要有依靠，不要让背后空虚。万物之理一起聚合，紧束全身骨骼，全身蜷缩如虎伏。兵法所说的“开始时安静如处女，诱敌放松戒备”，大概如此。

径，开始后要行动迅速，使敌人措手不及，无从抵抗。无需重新谋划，也不要回头，不要失去时机，则一定会击中对方的要害。既然目的在要害之处，那么就竭尽全力向前，如猫捉老鼠，不要错过。击刺的方法，尽在紧、径二字之中。

敬，是要自我戒备保全，不要显露自己的长处，争强好胜者一定会遇到敌人，千万要防患。态度谦恭举止文雅，不嫉妒不贪求，有什么不好呢。

切，纵使掐指咬齿，也千万要忍住，不做祸害别人的第一人，不做造福别人的先驱，不要以身轻许别人。利害与己身密切相关，不得已而后兴起。试完之后，能收时马上收回，不可再去试验。虽然终其一生看不见形体，成不了大名，但也无所怨悔。大约结了冤仇的人，永远没有释怀的日子；触犯法令的人，终身没有赦免的时期，能不谨慎吗？

听说张松溪从孙十三老只学到前三字，后两字为张松溪自己所增加，戒备之心就是这样。君子说：“读书人以忠信作为铠甲和头盔，以礼仪作为武器”，难道不是准备好的？让人畏惧而准备，比让人不害怕而不准备更为周全？学习武技用来防备祸患，然而更重要的是忧虑祸患，这样怎么用得上武技呢？依赖武技而不忧虑祸患，祸患来时，武技则很难取胜。所以君子应该不要依赖武技，而是要忧虑祸患。

阵纪·技用[①]

何良臣[②]

拳[③]

学艺先学拳，次学棍。拳棍法明，则刀枪诸技，特易易[④]耳，所以拳棍为诸艺之本源[⑤]也。如宋太祖之三十六势长拳[⑥]，六步拳，猴拳，囮拳，名虽殊，而取胜则一焉。温家之七十二行拳[⑦]，三十六合锁[⑧]，二十四弃探马[⑨]，八闪番，十二短，此又善之精者。吕红之八下，绵张之短打，李半天、曹聋子之腿，王鹰爪、唐养吾之拿，张伯敬之肘，千跌张之跌，他如童炎甫、刘邦协、李良钦、林琰[⑩]之流，各有神授，世称无敌，然皆失其传而不能竟所奥矣。

注释

① 技用：出自何良臣《阵纪》卷二，主要列举并介绍各种器具之名称、功效及用法，共十五篇，分别为旌旗类、军鼓类、射、弩、拳、枪、筅、藤牌、刀剑、短兵、火器类、舟船、战车、守城器械、总论。今选与武术有密切关系

者校之。

② 何良臣：字惟圣，号际明，生卒年不详，浙江余姚人。大约在明朝正德万历年间活动，军事家、诗人。早年喜欢诗词歌赋，颇有文才，后来从军，曾立过军功，当过幕僚，后升为蓟镇游击将军。《四库全书总目》云："良臣当嘉靖中海滨弗靖之时，身在军中，目睹形势，非凭虚理断，攘袂坐谈者可比，在明代兵家，犹为切实近理者矣。"

③ 拳：各篇原文无标题，"拳"及后文各标题为校者依据正文内容所加。

④ 易易：简易，容易。《礼记·乡饮酒义》："吾观于乡，而知王道之易易也。"

⑤ 拳棍为诸艺之本源：戚继光《纪效新书·拳经捷要篇》云："其拳也，为武艺之源。"何良臣提出"拳棍为诸艺之本源"，当是在戚氏基础上的进一步发展。学拳为活动身手的基础训练，而习棍则是武艺技击的基础训练，何氏提出拳棍同为诸艺之源，极有见地。

⑥ 三十六势长拳：戚继光《纪效新书·拳经捷要篇》称："宋太祖有三十二势长拳"。

⑦ 温家之七十二行拳：与《纪效新书·拳经捷要篇》同，唐顺之《武编·拳》作"温家长打七十二行着"。

⑧ 锁：底本作"琐"，《纪效新书·拳经捷要篇》《武编·拳》均作"锁"，从之。

⑨ 二十四弃探马：与《纪效新书·拳经捷要篇》同，《武编·拳》作"二十四寻腿"。

⑩ 童炎甫、刘邦协、李良钦、林琰：四人皆为俞大猷军中的武术教师，擅长棍技。俞大猷结合各家教师的心得，以及自身的体验，著《剑经》一书。

今译

学习武艺要先学拳术，其次学习棍术。拳棍的用法通晓明白，那么刀枪等其他技艺，就特别容易了，因此拳棍为各种技艺的本源。如宋太祖的三十六式长拳、六步拳、猴拳、囮拳，名称虽不相同，但是取胜的方式一样。温家的七十二行拳、三十六合锁、二十四弃探马、八闪番、十二短，这些都是最好的拳术。吕红的八下，绵张的短打，李半天、曹聋子的腿，王鹰的爪，唐养吾的拿，张伯敬的肘，千跌张的跌，其他如童炎甫、刘邦协、李良钦、林琰，等等，各自有神奇的拳术，世间无敌。然而这些拳术如今都已经失传，不能探求它们的奥秘了。

棍

杁杈棍[①]长一丈二尺，精者能入枪破刀。惟东海边城与闽中俞大猷之棍，相为表里，法有不传之秘。少林棍俱是夜叉棍法[②]，故有前中后三堂[③]之称。前堂棍名单手夜叉；中堂棍名阴手夜叉，类刀法也；后堂棍名夹枪带棒[④]，牛山僧能之。谚曰："紫薇山棍为第一，张家棍为第二，青田棍又次之。赵太祖腾蛇棒为第一，贺屠钩杆、西山牛家棒皆次之。其孙家棒，又出自宋江诸人之遗法耳。"大抵练兵教艺，切须去了走跳虚文[⑤]。但动棍须把得坚，交棍妙在下起；棍入必须上压，一打一揭[⑥]欲我疾；阴手阳手[⑦]令人疑，大剪小剪[⑧]神变用；大门小门[⑨]藏正奇，使拔剃滚杀起磕[⑩]。俱得其妙，乃可称棍。俞大猷《剑经》曰："待其旧力略过，新力未发，而急乘之"，似得用艺之秘矣。棍法之妙，亦尽于大猷《剑经》，在学者悉心研究，酌其短长，去其花套，取其精微，久则自可称无敌也。

注释

① 扒杈棍：扒，无齿的耙子；杈，木叉，一种用来挑柴草的农具。扒杈棍，是指有横头、叉形的木棍。

② 夜叉棍法：夜叉，佛经中一种形象丑恶的鬼，勇健暴恶，能食人，后受佛之教化而成为护法之神，列为天龙八部众之一。少林棍多为夜叉棍法，程宗猷《少林棍法阐宗·名棍源流》云："夜叉云者，以释氏罗刹夜叉之称，其神通广大，降伏其心，即可为教护法。释氏又以虎为巡山夜叉者，即此意也。"程氏文载大小夜叉各六路。王圻著《续文献通考》（1607 年著）"总论军器"曰："使棍之家三十有一，曰左少林、右少林，曰大巡海夜叉，曰小巡海夜叉。少林夜叉有前、中、后三堂之称，单手夜叉也，中堂阴手夜叉也，类刀法，后堂夹枪带棒。"

③ 堂：即"趟"，亦即"路"。

④ 棒：文渊阁四库全书本作"棍"。

⑤ 走跳虚文：指武艺中的花架子，亦即后文之"花套"。

⑥ 一打一揭：棍法中基本的攻守技术之一，下劈为打，上挑为揭。俞大猷《剑经》："凡日间将棍一打一揭自习，打揭俱要自声，久则自有力。高不过目，低不过膝。"又，"一打一揭，遍身着力。"向恺然《子母三十六棍》（见《国技大观·专著类》，1923 年）注云："打者，己棍压人棍而进，身起则压重；揭者，以己棍拔人棍而进，身沉则棍自起而有力。所谓一打一揭，遍身着力者，着遍身之力，于一打一揭之棍也。"

⑦ 阴手阳手：手心向下握棍者为阴手；反之则为阳手。

⑧ 大剪小剪：剪，即向前斜上方格对方之棍。两棍相交，前部相交为小剪；中部相交为大剪。

⑨ 大门小门：大门，胸腹与两臂之间的部分。小门，两腿之间。

⑩ 拔剃滚杀起磕：拔，《阵纪注释》（陈秉才点校）疑为“拨”之误，并释为“防左侧棍为拨”，不确。俞大猷《剑经》云：“直磕一声就杀去，不用拔剃，亦甚紧矣。惜无困死人棍之法，大抵用拔剃为是。”又，“右刘邦协之传，中间有拍位，不用拔剃洗落，只撇手杀，则又紧矣。但困死人棍之法，大抵前用拔剃为是，小门亦然。”俞氏多次提及“拔剃”，且“拔剃”连用，故“拔”不应为“拨”之误。此外，若为“拨”之误，则其繁体应为“撥”，而不是“拔”，《阵纪》惜阴轩本、墨海金壶本、四库全书本均作“拔”，又《剑经》《纪效新书·短兵长用篇》也均作“拔”。所以，此“拔”，则指由下向上的牵提之棍法。

剃，俞大猷《剑经》云：“剃是他高打来或高杀来，或他虽把定未动，但棍尾高有十定，我用棍尾量一尺之处，与他棍尾或棍中相遇剃下。”故所谓“剃”，即指我用棍尾一尺之处，与对方棍尾或棍中相遇之时，顺棍而下，削击其手而杀其身。

滚，俞大猷《剑经》云：“滚是他低平直杀来，我棍在高，遂坐下，量离了手前一尺，与他棍尾相遇，顺滚至他手杀他身。”故所谓“滚”，即指我用手前一尺棍处，与对方棍尾相遇，顺滚而上，削击其手而杀其身。

《中国武术大辞典·基本技法》之“上剃下滚”条言：“棍从里上削为剃，从外向下为滚。”此释义是从向恺然注《子母三十六棍》（见《国技大观·专著类》）而来，向氏云：“从里上削者为剃，反是则谓之滚，故曰分左右。即上来用剃，下来用滚之意也。”此说有误。

按：剃为对方从高处打来或高处杀来，而我棍尾于他棍尾或棍中相遇后剃下，则应为向下削击；若向上削，则无法至其手而杀其身。滚为对方出低平直杀，则他身手高于棍端，若我再往下削，亦不能至其手而杀其身。

起磕，即以棍由下往上碰击彼棍，意在碰开彼棍。磕，既为防守，又为进攻。马明达认为，磕的关键在于“二人对练时一定要磕打出声响来，这标志着防守得力，所谓‘千金难买一声响’，就是指磕得干脆而响亮。”（见《活把棍与死把棍》）俞大猷《剑经》多次言及“磕”法，如：“先侵二三尺一打，坐身沉棍头，他必进杀。我就下起磕，一响，大进步打剪，或丁字回打剪，然后扁身杀他。乔教师曰：‘弹枪则在下面，横捧亦起磕之法。’但在下面横，则无不响之理矣。童教师曰：‘一声响处值千金，彼失隄防我便赢’是也。”又“剪打急起磕，起磕复急剪打，剪打复急起磕，相连而进，彼人何处杀将来。”

今译

扒杈棍长一丈二尺，精通者能以此击败刀枪。只有东海边城与福建俞大猷的棍法，不相上下，招法有不传之秘。少林棍都是夜叉棍法，所以有前、中、后三趟的说法。前趟棍叫单手夜叉；中趟棍叫阴手夜叉，类似刀法；后趟棍夹枪带棒，牛山寺的僧人会使用。谚语说：“紫薇山棍为第一，张家棍为第二，青田棍又次之。赵太祖腾蛇棒为第一，贺屠钩杆、西山牛家棒都次之。至于孙家棒，又出自宋江等人的遗传。”总的说来，训练士兵学习武艺，务必去掉蹦蹦跳跳的花法动作。但比试棍法时要握得牢固，两棍相交最妙是自下而上；棍切入时必须上压，下劈上挑让我的动作迅疾；正手反手令人生疑，大剪小剪变化如神；大门小门隐藏奇正变化，使用拔、剃、滚、杀、起、磕等各种技法，都能得到精巧之处，才可以称得上善于使棍。俞大猷《剑经》说：“等待对手旧的力量刚过，新的力量还未发出之际，迅速出棍压制对方”，似乎深得棍法的奥秘所在。棍法的精妙处，也全都记载于俞大猷的《剑经》一书中，在于学习者悉心研究，斟酌其优劣，去掉其中的花法动作，吸取其中的精华，长久练习，自然称得上天下无敌。

枪[1]

能杀人于二十步之外者，六合枪法[2]也。复有[3]马家长枪、沙家竿子、李家短枪之名。长短能兼用[4]，虚实尽其宜，锐进不可当，速退不能及。而天下称无敌者，惟杨氏梨花枪[5]也。所以行有守，立有守，守内暗藏攻杀之机。枪锋[6]须短利而轻，以不过两为率[7]，杆须腰硬，根粗稍称。南方以竹为杆，甚称省便；北地风高易裂，须得丝觔[8]缠扎乃可，否则以桐木代之犹胜。[9]

凡学枪，先以进退、身法、步法，与大小门圈、圈串手法演熟；继以六真八母[10]、二十四势[11]的厮杀，使手能熟，心能静，心手与枪法混而化溶[12]，动则裕如[13]，变不可测。但施于阵上，则伸缩腾挪之机，少称不便，故花法不必习，习亦无用也，此在学者自妙而运用之。惟山东樊氏深得其传，惜乎老矣。

较比之时，先看单枪，试其手法、身法、进退步法[14]。圈串不宜甚大，尺余便好。[15]复以二十步外立木把，高五尺，阔八寸，上分目、喉、心、腰、足五孔，孔大寸许，内悬圆木球。每一人执枪立二十步外，听鼓声擂紧，翻然擎枪，飞身向前戳去，以得孔内木球于枪尖为熟，五孔木球俱得为精。[16]若二人比艺，即不离封、闭、捉、拿、守五法而已。惟能守者力自闲，有隙便进，是得用枪之诀。

注释

①枪：各篇原文无标题，“枪”及后文各标题为校者依据正文内容所加。墨本、四库本，二本相同，但与惜阴轩本有些许差异：惜阴轩本首句有“能杀人于二十步之外者六合枪法也复有”十七字，而墨本与四库本首句直接以“马家长枪、沙家竿子……”开头。墨本、四库本篇尾有“故曰：能杀人于二十步外者，长枪也。”通过仔细对比，应以墨本与四库本为底本，惜阴轩本为参校本，进行校释。理由如下：

其一，惜本的首句有些突兀，且若以惜本为准，则言外之意是只有六合枪法能杀人于二十步之外。然而六合是指六组枪法变化的技法，而非与马家、沙家、李家并列；此外吴殳提出“六合乃马家枪名”，所以其应为马家之法，故不可独立置于文前，且以“复有”二字连接。如此，则与文意不符。其二，此篇后部属于比较枪法时的一些规格与规范，且以二十步为准，所以，篇尾有“故曰能杀人于二十步外者长枪也”句，非常契合文意。其三，惜本文中多有缺漏，如“枪制”，惜本无而墨本、四库本存。

综上，故选择墨本、四库本为底本，惜阴轩本为参校本。

②六合枪法：六合，天地和四方之谓，泛指天地或宇宙。《庄子·齐物论》：“六合之外，圣人存而不论；六合之内，圣人论而不议。”成玄英疏：“六合者，谓天地四方也。”六合枪法，即六组枪法变化的常用技法，戚氏《纪效新书·长兵短用说篇》与唐顺之《武编前集·卷五》均有论说，然不尽相同。

③“能杀人于二十步之外者六合枪法也复有”十七字，惟惜阴轩本有，墨海金壶本、四库全书本均无。

④长短能兼用：是说枪的用法可长可短。《纪效新书·长兵短用说篇》云：“长则谓之势险，短则谓之节短。”此是说枪法长用之时，态势险峻，锐不可当；短用之时，节奏短促，迅猛异常。

⑤梨花枪：亦即杨家枪，传为南宋末年红袄军首领李全之妻杨氏所创。

《四库禁毁书丛刊·子部·26册》之《军器图说》云："梨花枪者，用梨花一筒，系于长枪之首，临敌用之，一发可远去数长，人着其药，即昏眩倒地，火尽仍可刺战。宋李全尝用之，以雄山东。所谓二十年梨花枪，天下无敌手，是也。"

⑥ 枪锋：即枪头。

⑦ 以不过两为率：是指枪头的重量以不超过一两为标准。然枪头之重不超过一两，虽然可视为"短利而轻"，但似乎有悖事理。《纪效新书》（十八卷本）各本亦均作"重不过两"。马明达认为，"两"字之上当有脱字，所脱者似为"四"字，其据为："其一，点校者所藏清道光十年刻本（即庚寅本），'两'字上有马凤图先生墨笔校补的'四'字。其二，程宗猷《耕余剩技·少林棍法阐宗》有'枪式'三图，其第一图注云：'枪头长共六寸，重三两五钱，四两止矣。'第三图注云：'枪头长七寸，重四两。'其三，李承勋刊本《纪效新书》卷之四'长枪制'注云：'枪头，此不可过四两。'"（见《纪效新书》马明达点校本）

按：茅元仪《武备志·卷103·军资乘·器械》所载"枪制"与程宗猷所记相同。

⑧ 丝觔：觔，即"斤"。丝觔，即丝斤，指蚕丝。蚕丝以斤计量，故称。林则徐《拟谕英吉利国王檄》："又外国之呢羽哔叽，非得中国丝斤，不能成织。"

⑨ 南方以竹为杆……否则以椆木代之犹胜；此句墨海金壶本、四库全书本均无。

⑩ 六真八母：《阵纪注释》（陈秉才点校本）作"六直八母"，以惜阴轩本、墨海金壶本、四库全书本为例，均作"六真"，非"六直"，陈校本认为："'六直'是指六合枪法第六合的一招；'八母'是第一回的起手一招。"此说不确。按"六真"应为枪法的六个（组）主要技法，此处或为"六合"之意。"八母"

为枪法的八种基本技术，而枪法的所有动作都出自这八种基本技术，故称之为“母”。程宗猷《长枪法选》作“八枪母”，云：名“母”者“盖枪法变幻虽多，然皆不外此八着之相生，如习书家，有先习永字之说，亦以永字八法皆备，而余字不外此八笔之法耳。明乎习永字者，即明八枪母之说矣。”

按：明代以来，各家对“八母”之说不尽相同，如程宗猷《长枪法选·散劄拔萃》云：八枪母，“枪以八名者，盖以圈里枪、圈外枪、圈里低枪、圈里高枪、圈外低枪、圈外高枪、吃枪、还枪，八着而言”。洪转《梦绿堂枪法》（吴殳辑，见《手臂录》）之“枪法八母”则为：“封、闭、提、掳、拿、拦、还、缠。”

⑪ 二十四势：指二十四个枪势习法。《纪效新书·长兵短用说篇》与《手臂录·马家枪二十四势》均有二十四势，但《手臂录》作“马家枪二十四势”，其据为二十四势之“四夷宾服势”云：“乃中平枪法，作二十四势之元，为六合之主。六合乃马家枪名，足知二十四势，马家法也。”戚、吴二著之“二十四势”名称相同，惟顺序不同而已，故列于后，以备参考。

纪效新书	夜叉探海势	四夷宾服势	指南针势	十面埋伏势	青龙献爪势	边拦势	铁翻竿势	跨剑势	铺地锦势	朝天势	铁牛耕地势	滴水势	骑龙势	白猿拖刀势	琵琶势	灵猫捉鼠势	泰山压卵势	美人纫针势	苍龙摆尾势	闯鸿门势	伏虎势	推山塞海势	鷂子扑鹌鹑势	太公钓鱼势
手臂录	四夷宾服势	指南针势	十面埋伏势	苍龙摆尾势	青龙献爪势	滴水势	骑龙势	美人纫针势	抱琵琶势	太公钓鱼势	铁牛耕地势	闯鸿门势	铺地锦势	白猿拖刀势	推山塞海势	鷂子扑鹌鹑势	铁幡竿势	灵猫捕鼠势	伏虎势	边拦势	跨剑势	朝天势	泰山压卵势	夜叉探海势

⑫ 心手与枪法混而化溶：墨海金壶本、四库本作“心手与枪法两化。”

⑬ 裕如：自如之意。

⑭ 手法、身法、进退步法：《纪效新书·或问篇》云：“长枪，单人用之，如圈串，是学手法；进退，是学步法、身法。”

⑮ 圈串不宜甚大，尺余便好：对于圈串的大小，戚继光与唐顺之曾有一段

极其精当的对话。《纪效新书·长兵短用说篇》云："巡抚荆川唐公于西兴江楼自持枪教余，继光请曰：'每见他人用枪，圈串大可五尺。兵主独圈一尺者，何也?'荆翁曰：'人身侧形只有七八寸，枪圈但拿开他枪一尺，即不及我身膊可矣。圈拿既大彼枪开远，亦与我无益，而我之力尽难复。'"

⑯ 每一人执枪……俱得为精：墨海金壶本、四库全书本此句之后为："故曰：能杀人于二十步外者，长枪也"。无"若二人比艺，即不离封、闭、捉、拿、守五法而已。惟能守者力自闲，有隙便进，是得用枪之诀"一段。

今译

能在二十步之外杀人的是六合枪法，又有马家长枪、沙家竿子、李家短枪之名。枪的用法可长可短，虚实之法使用极为恰当，急速进招锐不可当，快速退避对手不能跟进。而称天下无敌的，只有杨家梨花枪法。所以行进要有防守，站立要有防守，防守之中暗藏着攻杀的机会。枪尖要短小锐利又轻便，以不超过一两为准，枪杆中部要坚硬，根部稍粗，至枪尖逐渐变细。南方用竹为枪杆，非常省事方便；北方风大竹杆容易破裂，必须用丝斤缠扎才行，否则用椆木代替更好。

大凡学习枪法，先要把进退、身法、步法与大小门圈、圈串手法演练精熟；接着演练六真八母、二十四势的厮杀，使手能熟，心能静，心手与枪法融为一体，动作得心应手，变化不可预测。但要是在战场上施展，那么伸缩腾挪的变化，就稍有不便，因此花法的动作不必学习，即使学习也没有用，这在于学习者自己领会其中的奥妙并加以运用。只有山东的樊氏，深得枪法秘传，可惜年纪已老。

比试枪法之时，先看单枪，考查其手法、身法、进退步法。圈串不宜太大，一尺左右便好。又在二十步外立木靶，高五尺，宽八寸，上分眼、喉、心、腰、足五孔，孔大一寸左右，孔内悬挂圆木球。每人执枪站在二十步外，听到鼓声急速擂响，翻转身体端起枪，飞身向前刺去，以枪尖刺中孔内木球为熟练，五孔木球都能刺中为枪法精练。要是二人比赛枪法，便离不开封、闭、捉、拿、守五种招法。只有善于防守的人用力自然轻松，有空当便进击，这才是掌握了用枪的秘诀。

刀剑

军中诸技，惟刀剑法少传，若能滚入①，使长短兵不及遮拦，便为熟矣。如日本刀不过三两下②，往往人不能御，则用刀之巧可知。偃月刀③头大且重，使有力者用之，而更能精熟三十六正刀、二十四闪伏④，则诸兵仗当之者无不屈也。马上双刀，须长而轻，后过马尾，前过马头为要。剑用则有术也，法有《剑经》⑤，术有剑侠，故不可测，识者数十氏焉。惟卞庄之纷绞法、王聚之起落法、刘先主之顾应法、马明王之闪电法、马超之出手法，⑥其五家之剑，庸⑦或有传，此在学者悉心求之，自得其秘也。如凤嘴刀、三尖两刃刀、斩马刀、镰刀、苗刀、麋西刀、狼刀、掉刀、屈刀、戟刀、眉锋刀、雁翎刀、将军刀、长刀、提刀之类，⑧各有妙用。只是要去走跳虚文、花套手法，始得用刀之实。故曰：不在多能，务求精熟；设或不精，反为所累。所以秘技有神授，如无真授，未可强为；授之不精，未可称技⑨；精而不能变，犹为法之所泥。⑩

注 释

① 若能滚入：墨海金壶本、四库本无“若能滚入”四字。

② 三两下：《阵纪注释》（陈秉才点校本）释为“重量三两以下”。此说不确，此“三两下”是指日本刀法在实战时往往三两个回合就可取胜他人，故“往往人不能御”。

按：日本刀至迟在宋代便开始输入中国，并有“宝刀”之誉。至明代，日本刀更是以进贡、勘合贸易、走私等形式大量进入中国。宋明以来，更是有许多文人作《日本刀歌》或题咏日本刀的诗文，如北宋欧阳修、明代唐顺之、清代梁佩兰、陈恭尹、袁嘉谷、严公孙等，对日本刀倍加称颂。

明代中叶，日本海盗侵扰沿海地区，日本刀便是倭寇的主要兵器，对军民造成了很大的威胁。因此，明代的军事家、武艺家多有关注。如戚继光《纪效新书·短器长用解》（十二卷本）云：“长刀，此自倭犯中国始有之。彼以此跳跃光闪而前，我兵已夺气矣。倭喜跃，一迸足则丈余，刀长五尺，则大五尺矣。我兵短器难接，长器不捷，遭之者身多两断。缘器利而双手使用，力重故也。”程宗猷在《单刀法选》中亦言：“其用法，左右跳跃，奇诈诡秘，人莫能测。故长技每每败于刀。”晚明屈大均在《广东新语·器语·刀》中更有精到论述：“其人率横行疾斗，飘忽如风，常以单刀陷阵，五兵莫御。其用刀也，长以度形，短以跃越，蹲以为步，退以为伐。臂以承腕，挑以藏撇。豕突蟹奔，万人辟易，真岛中之绝技也。”诸家所论，如“短器难接，长器不捷”“左右跳跃，奇诈诡秘”，等等，实可想象“用刀之巧”，所以“往往人不能御”也在情理之中了。

③ 偃月刀：刀头形似半月，故名。宋《武经总要·卷十三·器图》作“掩月刀”，时为军中七种长柄刀之一。明代由于笨重不便，已不用于战阵，而演变为演习、操练等显示军威的仪式性兵杖。如茅元仪《武备志·器械》便言：“偃月刀以之操习示雄，实不可施于阵也。”然王圻父子所编纂之《三才会图·器用卷六》云：“惟关王偃月刀，刀势既大，其三十六刀法，兵仗遇之，无不屈者，刀类中以此为第一。”王圻、王思义父子为明代文献学家、藏书家，对于战阵武

艺之事，并不擅长，《三才图会》所载武艺部分，也为广辑他人之说，所以偃月刀在明代是否仍施于战阵，应为职业军事家所论为准。

④ 闪伏：墨海金壶本、四库本均作“门伏”。其与“正刀”同为偃月刀刀法名称。

⑤ 剑经：专门讲述剑法的著作，非俞大猷之棍法名著《剑经》。

⑥ 惟卞庄……马超之出手法：卞庄，即卞庄子，春秋时鲁国大夫，食邑于卞（今山东泗水县东），谥庄，以勇力驰名，传说曾刺双虎。《史记·张仪列传》云：“亦尝有以夫卞庄子刺虎闻于王者乎？庄子欲刺虎，馆竖子止之，曰：‘两虎方且食牛，食甘必争，争则必斗，斗则大者伤，小者死，从伤而刺之，一举必有双虎之名。’卞庄子以为然……一举果有双虎之功。”

按：王聚、马明王二人生平不详，刘先主即刘备，马超为三国名将。“纷绞法、起落法、顾应法、闪电法、出手法”五种剑法，同出伪托，实非卞庄等五人所流传的剑法。

⑦ 庸：或许，大概之意。《左传·昭公五年》：“今此行也，其庸有报志。”

⑧ 如凤嘴刀……提刀之类：凤嘴刀，刀头呈圆弧状，刀刃锋利，刀背斜阔，长柄施鐏。宋《武经总要》列为“刀八色”之一。

三尖两刃刀，刀身双刃，刀尖分为三支，呈“山”字形。明代称“二郎刀”，因《西游记》《封神演义》等神话小说中，天神二郎真君擅用此刀，故得名。

斩马刀，宋代出现的一种步战长刀，常用以对付骑兵。《宋史·兵志十一》载，斩马刀：“镡长尺余，刃三尺余，首为大环。”

镰刀，农具，此或为钩镰刀之误。茅元仪《武备志·军资乘·器械二》载：“钩镰刀，用阵轻便。”“须竹长而轻，刃弯而利，乃得实用。”

苗刀，西南少数民族苗族所锻造之刀。屈大均《广东新语·器语·刀》言：“有苗刀，其纹以九帘为上，轻便断牛。”又称流传于我国民间武术界的日本双手刀法。此文所列刀类，均以形制所分，而非技法，故“苗刀”应为西南少数民族苗族所锻造之刀。

糜西刀，又称米昔刀、米息刀，骑兵用刀，刀形弯如半月，元代末年埃及进贡始入中国。马明达曾作《“米昔刀”考》一文，论述甚详。

狼刀，形制不明，唯见于《阵纪》所载。

掉刀，长柄大刀一种。《武经总要》卷十三列为“刀八色”之一，其载：“掉刀，刃首上阔，长柄施鐏。”

屈刀，长柄大刀一种。《武经总要》卷十三列为“刀八色”之一，其载：“屈刀，刃前锐后斜阔，长施柄鐏。”

戟刀，异形长柄刀，侧边附有月牙状刃。《武经总要》卷十三列为“刀八色”之一。

眉锋刀，长柄大刀，刀似眉。《武经总要》卷十三“刀八色”有眉尖刀，或为此。

雁翎刀，古刀名，取形似雁翎之故。宋代王应麟《玉海·卷151·兵制》云：“乾道元年十一月二日，命军器所造雁翎刀，以三千柄为一料。”元人张宪《玉笥集》：“我有雁翎刀，寒光耀冰雪。”

将军刀，形制不明，或为军队将领之佩刀。

长刀，即日本刀。茅元仪《武备志·军资乘·器械二》载：长刀，则倭奴之制。

提刀，形制不明。

⑨ 未可称技：墨海金壶本、四库全书本均缺。

⑩ 精而不能变，犹为法之所泥：泥，拘泥，不变通。此句意为若刀法精熟但不能变通者，则被所学的死套数束缚了。

今译

军中的各种武艺，只有刀剑的用法很少传授，如果能加入使用，使长短兵器来不及遮挡阻拦，便算是熟练了。比如日本刀，实战的时候三两个回合就可取胜，而人们往往不能抵御，用刀的巧妙由此可知。偃月刀头大且重，让有力量的人使用，又能精熟三十六正刀、二十四闪伏的方法，那么没有什么兵器可以抵挡得住。马上双刀，要长而轻便，后面超过马尾，前面超过马头。剑的使用是有技术的，记载方法的有《剑经》，讲究技术的有剑侠，所以剑法剑术深不可测，懂得的有数十家。只有卞庄的纷绞法、王聚的起落法、刘先主的顾应法、马明王的闪电法、马超的出手法，这五家的剑法，或许还有传世，这些需要学习者尽心寻求，自然能得到其中的奥秘。其他如凤嘴刀、三尖两刃刀、斩马刀、镰刀、苗刀、麋西刀、狼刀、掉刀、屈刀、戟刀、眉锋刀、雁翎刀、将军刀、长刀、提刀之类，各有妙用。只要是去掉花套手法，才能掌握用刀的实战招法。所以说，不在于掌握技术的多少，而是要精通熟练；假如技术不精，反而会受到拖累。所以说，秘技有秘密传授，如果没有真正的传授，不可强求学习；传授不精，不能称为是技艺；若刀法精熟但不能变通者，则被所学的死套数束缚了。

短兵

短兵者，为接长兵之不便，然亦有长用也。马杈有突越之势，绰钯有闪赚之机，然杈不出阴阳，钯不离五路[①]。如燕尾杈、虎尾杈、五龙钯、三股杈、钯尾鞭、丈八鞭、双钩枪、连珠铁鞭、鹰爪飞挝、开山斧、剉子斧、钩镰、戟枪、铁攩、钩竿、天篷铲、捣马枪、蒺藜椎、鸦项枪、拐突枪、鱼肚枪、狼牙棒、豹尾鞭、芦叶枪、流星椎、杈尾椎、杈竿、抓枪、铁锏、筞、钁、掷远、铁梧、环子枪、抓子棒、紫金标、八尺棍之类，[②]不可悉数，各有专门。但身法、手法、步法，皆由拳棍上来。其进退、腾凌、顺逆之势，俱有异样神巧杀着[3]，学之得精，俱可制敌。然非秘授，不可强施。外如花刀花枪、套棍滚杈之类，诚无济于实用，虽为美看，抑何益于技哉？是以为军中之切忌者，在套子武艺；又所恨者，在强不知而为知。

注释

① 五路：是指刺、砍、叉、挡、拉五种用法。

② 如燕尾杈……八尺棍之类：燕尾杈、虎尾杈、三股杈，此三种均为长柄杈。其中燕尾、虎尾为两股杈，虎尾杈比燕尾杈之杈头长，且杈间距较近。三股杈杈头成“山”字形。

五龙钯，镋钯的一种。

钯尾鞭、丈八鞭、连珠铁鞭、豹尾鞭，此四者均为鞭类短兵，其名称因形状而定，大小、长短、轻重因人而异。

双钩枪，枪九色之一，为战阵骑兵所用。《三才图会·器用卷六》云：“木杆上刃下鐏，骑兵则枪首之侧施倒双钩。”

鹰爪飞挝，一种软兵器，用长绳系之。

鸦项枪，《三才图会·器用卷六》云：“鸦项者，似锡饰铁嘴，如乌项之白。”

拐突枪，墨海金壶、四库本不载。《三才图会·器用卷六》云：“拐突枪杆长二丈五尺，上施四棱麦穗铁刃，连袴，长二尺，后有拐。”

抓枪，《三才图会·器用卷六》云：“抓枪长二丈四尺，上施铁刃，长一尺，下有四逆须连袴，长二尺。”

环子枪，《三才图会》枪九色之一，形制与双钩枪类似，器形略小。

天蓬铲，《三才图会·器用卷八》云：“形如月牙，内外皆锋，刃横长二尺，柄长八九尺或一丈，兵马步战第一。利器直推，可以削手；往上推则铲首；下推则铲足，或钩败卒之足。或于上风扬尘，妙不胜述。”

杈竿，《三才会图》作“叉竿”。《三才图会·器用卷八》云：“叉竿长二丈两尺，用叉以叉飞梯及登城。”显然，叉竿只是作守城之用。

钩竿，《三才图会·器用卷八》云：“如枪两傍加曲刃，竿首三尺裹以铁叶，施铁刺如鸡距。”

剉子斧，《三才图会·器用卷八》云：“剉手斧，直柄横刃，刃长四寸，厚四寸五分，阔七寸，柄长三尺五寸，柄施四刃，长四寸，并用于敌楼战棚、滔空版下、钩刺攻城人及斫攀城人手。”

抓子棒、狼牙棒，《三才图会·器用卷六》之“棒”条云：“取重木为之，长四五尺，……棒首无刃而钩者，亦曰铁抓；植钉于上，如狼牙者，曰狼牙棒。”“铁抓”亦即抓子棒，即棒首施以铁爪。

流星椎，墨海金壶本作“流星锤”。

捣马枪，《三才图会》作“捣马突枪”，“器用卷六”云：“捣马突枪，其状如枪，而刃首微阔。”

铁锏，《三才图会·器用卷六》云：“铁锏‘其形大小长短，随人力所胜，用之人有作四棱者，谓之铁锏，言方棱似锏形，皆鞭类也。’”

棨（qǐ），有缯衣的戟。为古代官吏出行时用作前导的一种仪仗 。缯，古代对丝织品的总称。

镬（jué），一种形似镐的刨土农具。

掷远，即“飘石”。古代一种以竹竿发射石弹致远杀敌的装置。《阵纪·技用》云：“器具屡有异名，如以铁蒺藜为鬼箭，以掷远为飘石，以伏弩为耕戈。”

铁梧，用坚重木做成的兵器，两头粗大，以倒须钉置其上，为杆棒。梧，通杵。

③ 杀着：惜阴轩本无，据墨海金壶本补入。

今译

各种短兵器，是为了弥补长兵器的不足，但也可作为长兵器使用。马杈有突越的功效，绰钯有躲闪的机宜。但是杈不出正手反手两种招数，钯离不开刺、砍、叉、挡、拉五种招法。如燕尾杈、虎尾杈、五龙钯、三股杈、钯尾鞭、丈八鞭、双钩枪、连珠铁鞭、鹰爪飞挝、开山斧、剉子斧、钩镰、戟枪、铁攩、钩竿、天蓬铲、搗马枪、蒺藜椎、鸦项枪、拐突枪、鱼肚枪、狼牙棒、豹尾鞭、芦叶枪、流星椎、杈尾椎、杈竿、抓枪、铁锏、橤、钁、掷远、铁梧、环子枪、抓子棒、紫金标、八尺棍之类，数不胜数，各有专门的使用方法。但是身法、手法、步法，都是由拳术棍法演变而来。它们的进退、跳跃、顺逆的招势，都有不同的神巧杀招，学习精熟，都可以制服敌人。但如果不是高人秘传，则不能勉强使用。其他如花刀花枪、套棍滚杈之类，实在无益于实用，虽然好看，对技艺又有什么益处呢？因此，军队中切忌的，是套路武艺；所应痛恨的，是强不知而为知。

武编前集·卷五

唐顺之[①]

拳[②]

拳有势[③]者，所以为变化也。横邪[④]侧面，起立走伏，皆有墙户[⑤]，可以守，可以攻，故谓之势。拳有定势，而用时则无定势。然当其用也，变无定势，而实不失势，故谓之把势[⑥]。作势[⑦]之时，有虚有实。所谓惊法[⑧]者虚，所谓取法[⑨]者实也。似惊而实取，似取而实惊，虚实之用，妙存乎人。故拳家不可执泥“里外圈、长短打”之说，要须完备透晓，乃为作手[⑩]。技欲精、欲多，用欲熟、欲駛、欲狼。两精则多者胜，两多则熟者胜，两熟则駛与狼者胜。[⑪]数者备矣，乃可较敌。

注释

① 唐顺之（1507—1560 年）：字应德，一字义修，号荆川，武进（今属江

苏常州）人。明代儒学大师、军事家、散文家、抗倭英雄。嘉靖八年（1529 年）会试第一，授庶吉士，改兵部主事，礼部主事。曾率兵累败倭寇，以功擢右佥都御史，后卒于舟中。唐顺之学识渊博，喜谈政论兵，探究性理。著有《荆川先生文集》。

② 拳：卷五有“牌、铁、火器、射、弓、弩、甲、拳、枪、剑、刀、简、锤、扒、挡、火、夷”，共计十七类，然今与武术有密切关系者，惟“拳、枪、剑、刀、简、锤、扒、挡”八类，故去其他九类，存此八类校之。

③ 势：即姿势，是指拳术中的一切招法和架势。

④ 邪：通“斜”。《汉书·司马相如传上》：“邪与肃慎为邻，右以汤谷为界。”颜师古注：“邪读为斜，为东北接也。”

⑤ 墙户：墙，《说文解字》云：“墙，垣蔽也。”《左传》云：“人之有墙，以蔽恶也。”户，《说文解字注》云：“户，护也。半门曰户。”由此可知，“墙户”一词，是指防守的技术。

⑥ 把势：此处意为二人相较时，始终把握着基本法则与攻守之机，而不失势。把势，又为把式，意指专精一种技术、手艺或能耐的人，后来成为专门技术人的称呼。如从事武术职业者或在武术方面有相当造诣者、木匠泥瓦匠，等等，均谓之“把势”。张清常的《漫谈汉语中的蒙语借词》认为，其最初可能源自汉语“博士”一词，被蒙古语借用为“老师”，再由蒙语回流，一出一入，便成了“把势”。

⑦ 作势：即较艺之时，摆出攻守皆宜的架势，或在相斗过程中创造有利于自己的态势。

⑧ 惊法：惊，意为惊扰对方，以虚诱敌。惊法，是指虚张声势、吓唬敌人的招法。

⑨ 取法：斩获敌人的首级为取。此处指强有力的击打对手的方法，即实招，通常指踢、打、摔、拿四法。

⑩ 作手：指作势的高手。

⑪ 两精则……狼者胜：騪（sōu），《广韵》云："騪，蕃中大马。"蕃，指古代西域一带。西域产马，体壮有力，据《方周杂录》载："先朝西域贡马，高九尺，颈与身等，昂举若凤。景泰末，西域进白马，高如之，颈亦类焉，后足胫节间有两距，毛中隐若鳞甲。"故以"蕃中大马"喻体壮力大。狼，性残忍而贪婪，喻凶狠、胆量。今人注解中，"狼"多校为"狠"，不确。故"两精则……狼者胜"句，是说：在两人比试技艺时，如果掌握技术的数量和精熟程度相同，力量和胆量是决定胜负的关键。

今 译

拳术有架势，这是其可以变化的原因。横斜侧面，起立走伏，都有攻防的技术，可以防守，可以攻击，所以叫作拳势。拳势有一定的规矩，而在实战中却不必拘泥于成规。实战之时，从有势变无定势，实际上不失规矩，所以叫把势。比试的时候，所做的拳势要有虚有实。惊吓对手的拳势为虚招，而击打对手的拳势为实招。看似虚招而实际为实招，看似实招而实际为虚招，虚实变化运用，其妙用之处全在习拳者自己之用心。所以习拳者不能拘泥于"里外圈、长短打"之类的说法，一定要完备技法、晓悟拳理，才能成为作势的高手。功夫要精纯、要广博，用的时候要纯熟、要有力量、有胆气。较技之时，双方技术皆精，则技多一筹者胜；两人技法皆多，则技法运用熟练者胜；两人技法皆熟，力量和胆气则是决定胜负的关键。技、用全备，才可以与他人对阵比试。

一、家数[①]：温家长打七十二行着[②]，二十四寻腿，三十六合锁。赵太祖长拳多用腿。山西刘短打，用头肘六套；长[③]短打六套，用手、用低腿；吕短打六套。赵太祖长拳，山东专习，江南亦多习之。三家短打[④]，钺[⑤]亦颇能。温家拳则钺所专习，家有谱，今不能尽述也，略具数节于后。

一、势：四平势、井阑[⑥]四平势、高探马势、指裆势、一条鞭势、七星势、骑虎势[⑦]、地龙势[⑧]、一撒[⑨]步势、拗步势。长拳变势，短打不变势。逼近用短打，若远开则用长拳。行着既晓，短打复会，行着，短不及长矣。

注释

① 家数：是指师法相承的流派。

② 行着：即“行招”“行著”。明清拳、枪武艺的术语，指拳法、枪法中的基本招数。两人较艺，一切招数都是在进进退退之中应机而发的，故名“行着”。如吴殳《手臂录》云：“戳、革是正，行著是变，二者缺一不可。”

按：戚继光《纪效新书·拳经捷要篇》有“温家七十二行拳”，唐文多“长打”二字，又戚文“行拳”作“行着”。据下文记载，温家拳有长有短，“逼近用短打，若远开则用长拳行着”，由此可知，唐顺之所记准确，戚氏漏了“长打”，又误“行着”为“行拳”。今人断句，“温家长打七十二行着”一家作两家——“温家长打，七十二行着”——解，不确。

③ 长：疑为“张”之误。推其原因，大致有三：文末有“绵张拳护胸”之说；戚继光《纪效新书·拳经捷要篇》有“绵张短打”；此外，“刘短打”“吕短打”皆以姓氏命名，而“长”却不是一个常见姓氏。故此，“长”或为“张”之误，而“张”，即指“绵张”。

④ 三家短打：即刘短打、长短打、吕短打。

⑤ 钺：似唐顺之自称，然不见相关文献证据。又，余水清认为：“‘钺’在此似应读作‘越’，乃地域概念”（见：余水清《明清武术古籍拳学论析》，人民体育出版社，2008 年第 23 页）。若按余解，则“家有谱”之“家”无从解释，

故“钱”应为人名。

⑥ 阑：同“栏”。戚继光《纪效新书·拳经捷要篇》作“栏”。

⑦ 骑虎势：《纪效新书·拳经捷要篇》作“跨虎势”。

⑧ 地龙势：《纪效新书·拳经捷要篇》作“雀地龙势”。

⑨ 撒：《纪效新书·拳经捷要篇》作“霎”。

今译

一、门派：温家长打七十二行着，二十四寻腿，三十六合锁。赵太祖长拳多用腿。山西刘短打，用头肘六套；长短打六套，用手、用低腿；吕短打六套。赵太祖长拳，山东有专门传授，江南地区也有许多人习练。刘、长、吕三家短打，钱也相当精通。温家拳钱曾专门习练，家里有拳谱，现在不能详细地讲述，简略摘抄几节置于文后。

一、拳势：有四平势、井阑四平势、高探马势、指裆势、一条鞭势、七星势、骑虎势、地龙势、一撒步势、拗步势。长拳变化拳势，而短打不变势。近距离交战用短打，如果远距离拉开则用长拳。长拳与短打的招法既已通晓，而招法，则短打比不上长拳。

一、手：有上中下。切斫钩扳搀金手，高立搭扬逼攻抖；盘旋左右脚来踏，调出五横三推肘。你行当面我行傍，你行傍来我直走；倘君恶狠奔当胸，风雷绞砲劈挂手。[1]腾抛[2]手，双打双砍双过肘。左右走手怕边拳，调出飞虹忽捉手。喝声打上下头虚，顾下还须上捉手。只[3]些真诀是原传，还有通仙六只手。旗鼓拳，闪横拗步脚上前；高怕黄莺双拍手，低怕撩阴跨裆拳；挨靠紧追休脱手，会使斜横抢半边。长拳行着，凡打法，行着多从探马起。直行虎，打法三着[4]打左右，七星拗步高探马。

惊法：右腿蹴惊，右手斩手，左手飞拳上脸，连右手拳一齐再发，搭脚进步高探马。左拳哄脸[5]，右腿低弹左腿，右拳飞拳上脸，倒身一踖倒插幡[6]，高探马专打高探马。右腿惊左腿，左腿上踖，玉女穿针，高探马变一条鞭。右拳惊，右腿随拳窝里暗出，倒马鎈四平，变身法回身，勒马听风。诸势俱打一腿，六腿左右通用，本家[7]俱有短腿可破，又有还腿可用。

一错[8]：左上右鐕，右上左鐕。一踖：左颠右踖，右颠左踖；左偷右踖，右偷左踖。一鎈。一蹴。一挂。一跟。一低弹。

演法[9]：凡学腿，先虚学，踢开腿后，依法演习。鐕腿：虚学。踖腿：悬米袋或蒲团学。鎈腿：虚学或用柱。挂、蹴腿：虚学或用挂。柱腿：用柱学。跟腿：虚踢后用柱式。弹腿：用三尺长櫈[10]竖立，或用石礅在平地上学。

圆光手、四平手、腮肩手、高搭手、沉坠手，钓脚、行着、短打、长拳、卧鱼脚、踶一脚、鬼撮脚、伸一脚。俱右，俱用铁门拴，即抢壁卧。番身，双脚打重不倒身。

站法：脚尖正背人，腿起如马踢，为椿腿。平踢为弹腿。习弹腿，便捷用櫈，以脚凳[11]竖地上，弹腿踢去，取平行不倒为度。习弹腿力，用磉石[12]，以踢远磉石为度。习踖腿虚腿，用糠悬梁上，踖腿高踢去复还，以俱腰力为主度；习踖腿实腿用柱，以椿腿踢柱上，尽力为度。钩腿，指拳[13]腿湾向里，习椿腿则有力。

绵张拳护胸、胁、腰，温家拳护头、面、颈。脚要高打，手亦取高，专用脚，以手辅之。手不能当脚，脚起半边虚，说不着。温家：高脚拄下用脚接，低脚踢上用脚断。长拳：张拳设套，待彼入套。本家设套，待改调处，疾、迟、痴、死四胜。

左手如鐕钱，右手如弄琴。前腿如山，后腿如撑。前手如龙变化，后手如虎靠山。左右不离，前后方钩，入眼不睫，见枪速进钩连密，莫犯莫敌。点用单手送，如点水蜻蜓，有活动之意。扎用双手老实送，一扎用稍[14]，一棍用根。根稍互用，步步进前。如阴手棍，阴手盖阳手挈，此是少林士真妙诀。[15]

扒止左右打，上揭，不宜向下磕，恐扒头重难起也。[16]

盘腿：里盘、外盘腿。

注 释

① 切斫钩扳搀金手……风雷绞砲劈挂手：马明达先生在《风雷绞炮劈挂手》（见《武林》，2001 年，第 7、8 期）一文中，提出“切斫钩扳搀金手”是披挂最主要的几个手法；“你直我傍、你傍我直”是讲劈挂手的战术原则；“倘君恶狠奔当胸，风雷绞砲劈挂手”是劈挂拳的具体技术，是对家当胸硬攻时的应急对策。此外，马明达先生对劈挂拳的历史渊源作了详细的论述。

② 搥：通“锤”。

③ 只：指示代词，相当于“这”。如，一钵和尚《一钵歌》：“若时乐，乐时苦，只个修行断门户。”

④ 打法三着：着，同“招”。打法三着，即七星、拗步、高探马。

⑤ 左拳哄脸：哄，诱骗之意。此处是指用左拳佯攻对方脸面。

⑥ 倒身一踳倒插幡：踳，《广雅·释诂二》：“踳，蹋也。”蹋，同“踏”。倒插，应为跌法中常用的法势。又《纪效新书·拳经捷要篇》之三十二势有

"倒插势"。

⑦ 本家：应为前文所言"温家"。

⑧ 错：同"鑽"，即"钻"。

⑨ 演法：是对"错、踏、鎈、蹴、挂、跟、弹"七种腿法的解读，又其中多一"柱腿"。

⑩ 櫈：同"凳"，后同。

⑪ 脚凳：较矮的凳子，亦可踏脚。

⑫ 磉（sǎng）石：柱下石礅。明代袁宏道《场屋后记》："有殿磉石润洁，疑即范阳白石。"

⑬"拳"字：疑为衍文。

⑭ 稍：泛指事物的末端，同"梢"。

⑮ 左手如鑽钱……此是少林士真妙诀：此段应为棍法内容，应为辑录时掺入或刻板有误。

⑯ 扒止左右打……恐扒头重难起也：此句为扒法内容。

今译

一、手：手有上中下。切斫钩扳搀金手，高立搭扬逼攻抖；盘旋左右脚来踏，调出五横三推肘。你行当面我行傍，你行傍来我直走；倘君恶狠奔当胸，风雷绞砲劈挂手。腾搥手，双打双砍双过肘。左右走手怕边拳，调出飞虹忽捉手。喝声打上下头虚，顾下还须上捉手。这些真诀都是原传，还有通仙六只手。旗鼓拳，闪横拗步脚上前；高怕黄莺双拍手，低怕撩阴跨裆拳；挨靠紧追休脱手，会使斜横抢半边。长拳行着，凡打法，行着多从探马起。直行虎，打法三着打左右，七星拗步高探马。

惊法：右腿虚踢，右手斩手，左手用飞拳打脸，连右手拳一齐再发，搭脚进步高探马。左拳哄脸，右腿低弹左腿，右拳飞拳上脸，倒身一踏倒插幡，高探马专打高探马。右腿惊左腿，左腿上踏，玉女穿针，高探马变一条鞭。右拳虚招，右腿随拳窝里暗出，倒马鎈四平，变身法回身，勒马听风。诸势俱打一腿，六腿左右通用，温家拳都有短腿可破，又有还腿可用。

一钻：左上右钻，右上左钻。一踌：左颠右踌，右颠左踌；左偷右踌，右偷左踌。一鎈。一蹴。一挂。一跟。一低弹。

演法：大凡学习腿法，先要虚学，踢开腿后，依次按照要求习练。钻腿：虚学。踌腿：悬米袋或蒲团学。鎈腿：虚学或用柱。挂、蹴腿：虚学或用挂。柱腿：用柱学。跟腿：虚踢后用柱式。弹腿：用三尺长凳竖立，或用石礅在平地上学。

圆光手、四平手、腮肩手、高搭手、沉坠手，钓脚、行着、短打、长拳、卧鱼脚、踸一脚、鬼撮脚、伸一脚。俱右，都用铁门拴，即抢壁卧。番身，双脚打重不倒身。

站法：脚尖正背人，腿起如马踢，为椿腿。平踢为弹腿。习练弹腿的敏捷灵活，要用凳子，把脚凳竖立地上，弹腿踢去，以平行不倒为标准。习练弹腿的力量，用磉石，以踢远磉石为标准。习练踌腿的虚腿，把糠袋悬房梁上，踌腿反复高踢去，以俱腰力为主要标准；习练踌腿实腿要用柱子，用椿腿踢柱上，尽力为标准。钩腿，指腿湾向里，习椿腿则有力。

绵张拳护胸、胁、腰，温家拳护头、面、颈。脚要高打，手也要取高，专用脚，以手辅之。手不能当脚，脚起半边虚，说不着。温家：高脚拄下用脚接住，低脚踢上用脚截断。长拳：布置拳势设置圈套，等待敌手入圈套。温家拳设置圈套，等待改编他处，以疾、迟、痴、死四法取胜。

左手如钻钱，右手如弄琴。前腿如山，后腿如撑。前手如龙变化，后手如虎靠山。左右不离，前后方钩，入眼不睫，见枪速进钩连密，莫犯莫敌。点用单手送，如点水蜻蜓，有活动之意。扎用双手老实送，一扎用稍，一棍用根。根稍互用，步步进前。如阴手棍，阴手盖阳手挈，此是少林士真妙诀。

扒止左右打，上揭，不宜向下磕，恐扒头重难起也。

盘腿：里盘、外盘腿。

枪

头一合枪：先用圈枪为母[①]，后用封、闭、捉、拿。救护闪赚[②]是花枪，名色叫做梨花摆头[③]。第二合：先有缠枪，后有拦枪。黄龙战扞[④]，黑龙入洞，拿枪救护，闪赚是花枪，名色叫做铁子扫[⑤]。第三合枪：先有穿指枪，后有穿袖枪。鹞子拿鹌鹑，救护闪赚是花枪，名色叫做凤点头[⑥]。第四合枪：先有白拿枪，后有进步枪。如猫捉鼠，加朋[⑦]退救护，闪赚是花枪，叫做白蛇弄风[⑧]。第五合枪：先有迎风枪，后有截进枪。四封四闭，死中返活，无中生有，四面使枪。[⑨]第六合：一截，二进，三拿，四缠，五拦，六彻[⑩]。共加六路花枪。上有场[⑪]秦王摩旗，下有场拨草寻蛇。中调四路闪赚：梨花摆头、铁扫子、凤点头、白蛇弄风。

尔枪动，我枪拿；尔枪不动，我枪发，中间一点难招架。指人头，取人面，高低远近通要见。枪势浮腰索[⑫]，先取手，后取脚，取了脚与手，闭住五路通伤口。枪有三件大病，那三件大病？一，立身法不正；二，立当不[⑬]；三[⑭]，上不照鼻尖，中不照枪尖，下不照脚尖，三件大病。疾上又加疾，扎了犹嫌迟。[⑮]

注释

① 圈枪为母：圈枪，是指两手握枪，使枪头按圆形轨迹重复划圆运动。洪转《梦绿堂枪法》对“圈枪”有详细的阐释，其云：“圈枪者，取其左右圆活，

上下旋转，无有定准，使彼手心摇惑，我即乘机而进。其法较之缠法稍疏，其转动之圆活处，全在身法。后手将枪根转动，前手则仍固正中。若两手俱摇，则恐彼乘虚而加力，分排取我之正中也。”

母，本源之意。明代枪法中有“八母枪”之说，是指枪法的八种基本技术，而枪法的所有动作都出自这八种基本技术，故称之为“母”。程宗猷《长枪法选》作“八枪母”，云：名“母”者“盖枪法变幻虽多，然皆不外此八着之相生，如习书家，有先习永字之说，亦以永字八法皆备，而余字不外此八笔之法耳。明乎习永字者，即明八枪母之说矣。”明代以来，各家对“八母”之说不尽相同，如程宗猷《长枪法选·散劄拔萃》云：八枪母，“枪以八名者，盖以圈里枪、圈外枪、圈里低枪、圈里高枪、圈外低枪、圈外高枪、吃枪、还枪，八着故也。”洪转《梦绿堂枪法》之“枪法八母”则为：“封、闭、提、掳、拿、拦、还、缠。”

② 闪赚：闪赚即诱骗转移之法，佯左实右、上惊下取之类统属闪赚。程宗猷《长枪法选》云：“诱敌即以闪赚为最胜。所谓闪赚者，如敌人一枪扎来，我用拿开进步，竟技中平而入。敌见我枪至彼，彼必一拿，我即审敌拿力收半，便将枪一闪，串彼圈外，扎敌一枪，彼必不能救。里外皆同，故曰最胜。”

③ 名色叫做梨花摆头：名色，即名称，名目。

第一合“梨花摆头”，戚继光《纪效新书》作“秦王磨旗”，程宗猷《长枪法选》与唐文同。

④ 黄龙战扦：《纪效新书》作“黄龙占杵”，《长枪法选》作“黄龙占杆”。

⑤ 铁子扫：应为“铁扫子”。《纪效新书》《长枪法选》均作“凤点头”。

⑥ 凤点头：《纪效新书》《长枪法选》均作“白蛇弄风”。

⑦ 朋：程宗猷《长枪法选》、吴殳《手臂录》作“挪”。《手臂录·卷四·行著》云：“挪，揭之大者，从下而起。”

⑧ 叫做白蛇弄风：第四合“白蛇弄风”，《纪效新书》《长枪法选》均作

“铁扫帚”。

⑨ 第五合枪……四面使枪：底本、四库本第五合没有名称，《纪效新书》《长枪法选》均作“拨草寻蛇”。

⑩ 六彻：彻，《纪效新书》《长枪法选》均作“直”。又《梦绿堂枪法》有“六妙”之说，为“一截、二进、三乱、四定、五斜、六直”，其云：“直者，言枪杆也。盖身既以斜进，枪须紧对彼之心喉头面，在我可以照顾正中，在彼难于封闭。法云：‘时时取之’是也。”

⑪ 有场：应为“游场”之误。游场：本为古代出游田猎的场所，此处是指民间练习武艺的场所。

⑫ 枪势浮腰索：势，《纪效新书》《长枪法选》均作“是”。浮腰索：《纪效新书》作“伏腰锁”，《长枪法选》作“缠腰锁”。

⑬ 立当不：有脱误，按《纪效新书》《长枪法选》为“当扎不扎”。

⑭ 三：底本、参校本无，据文意添加。枪法三件大病之第三件，《纪效新书》《长枪法选》为“三尖不照”。“上不照鼻尖，中不照枪尖，下不照脚尖”句，是对“三尖不照”的进一步阐释。

⑮ 疾上又加疾，扎了犹嫌迟：按《纪效新书》，为“枪是伏腰锁”句内容。

今译

略

他使里把门[①]等我，我将枪闪向圈外[②]，拦拿放枪；他若一拦拿我，我闪过，圈里[③]进枪。他若使外把门[④]等我，我将枪闪过，圈里缠拿放枪；他若一缠拿我，我闪过，圈外进枪。此顺其势而用之也。他若使里把门等我，我用缠拿硬上，一剁放枪；他缠拿我，我闪，从圈外进枪。他若使外把门等我，我拦拿硬上，一剁放枪；他拦拿我，我闪，从圈里进枪。此逆其势而用之也。番来覆去[5]，我从圈里放枪，他缠拿我，我闪，从圈外反拦拿他，所谓死中反活也。番来复去，我从圈外放枪，他拦拿我，我闪过，圈里反缠拿他，所谓无中生有也。

拿圈里枪为缠拿、为封，拿圈外枪为拦拿、为闭。重手为拿，轻手为封闭。仰手向里为穿指，阴手向外为穿袖。凤点头，上下带左右，后手上下动，上觑面，下觑手。白蛇动风[6]，右转。梨花摆头，左右上下。铁扫子，左右动。俯身者进，仰身者退也。缠拿伸前手，后拿挨身身俯；拦拿缩后手，前手挨身身仰。缠拿后手手心向里，拦拿后手手心向外。老杨封闭皆用阴阳滚手[7]，老樊以为滚手迟一着只，两手手心俱向下，拿定竿子。

救圈[8]里枪，只前手略左旋，一圈打开为封；救圈外枪，只前手略右转，一圈为闭。手法甚紧，其圈为母。双手持枪，离彼前手前三尺，即放下前手，将后手挨竿一转进枪，其救下枪为提；亦不全滚手，略滚一半便转手持中平[9]，枪头交三尺，滚。彼在圈里，即转右足，两手用气力将竿捺住为缠；或彼抽出枪，札[10]我圈外，即将竿从下向上一挑为拦。彼若使花枪，则缠拦不住我。或用低枪，或用降枪，待彼将穿过时，我枪从上乘机疾札前手，盖彼以左穿右穿为妙，我正乘其穿而用之也。穿指枪从圈外穿过札圈里，我用仙人抱琵琶势，将前后手一缩，向上托开；穿袖枪从圈里穿过札圈外，我用帖挑势，从下向上托开向左。此二法才用滚手，以彼撒手进枪近也。二枪从下揭上，此法一一杨[11]所无。

樊封闭移后脚左右，孔凤封闭移前脚左右。离子午[12]松单手，转手进步送枪，本双手跪进枪。济宁吏单手不进步，送、进枪俱不离子午。

注释

① 里把门：持枪斜向身体内侧，枪尖在右肩部前方的防守技法。

② 圈外：为枪、棍术语，也为拳械较艺时的技术要诀。又有“圈里”。二人较枪，从对方枪身内侧进枪称“圈里”，从外侧进枪则称“圈外”。圈里、圈外是枪棍取势、取位、用招和运用战术的重要技法内容。如程宗猷《长枪法选·散劄拔萃》云八枪母：“枪以八名者，盖以圈里枪、圈外枪、圈里低枪、圈里高枪、圈外低枪、圈外高枪、吃枪、还枪，八着故也。”在拳艺较斗中，圈里、圈外又被看作距离要求。圈外为安全距离，两人相斗，拳脚不能及，此时多运用行场过步，引诱对方进攻。一旦双方进入拳脚相接的距离，则称为圈里，又作圈内。在如《水浒传》等小说中，描述二人打斗的场景时，常有“跳出圈外”的说法。

③ 圈里：见注释②“圈外”。

④ 外把门：与里把门相对的防守技法，枪尖指向自身左侧肩部。

⑤ 番来覆去：亦作“翻来覆去”。

⑥ 白蛇动风：应为“白蛇弄风”。

⑦ 阴阳滚手：是说在作枪法之封、闭时，要用阴阳手握把法。而老樊认为应该用双手阴持枪法，即“两手手心俱向下”。

⑧ 圈：底本以“○”作“圈”。四库本“○”处作缺字处理。后同，不再注出。

⑨ 中平：即中平枪。《纪效新书·长兵短用篇》有“中平枪，枪中王，高低远近都不妨”（十四卷本作“中平枪，枪中坐”）之说。在枪法中，中平枪属

于最具威力的一招，用此招作为枪法中“坐阵”的技法，则来自高低远近的攻击都可以防范，且可以进行任何方位的反击。

⑩ 札：同“扎”。后同。

⑪ 杨：指杨家枪法。

⑫ 子午：指南北。古人以“子”为正北，以“午”为正南。又医家有所谓“人身子午”之说，《奇经八脉考》谓：“任督二脉，人身之子午也。”此处是指之“子午”，谓人身之正中。

今译

略

一、枪杆：疾藜条为上，柘条次之，枫条又次之，余木不可用。[①]

枪制木杆，上刃下鐏[②]。骑兵则枪首之侧施倒双钩、倒单钩，或杆上施环；步兵则直用素木或鸦项。鸦项者，以锡饰铁，嘴如乌项之白。其小别有锥枪、梭枪、槌枪。锥枪者，其刃为四棱，颇壮锐，不可折，形如麦穗，边人[③]谓为麦穗枪。梭枪长数尺，本出南方，蛮獠[④]用之，一手持旁牌[⑤]，一手摽以掷人，数十步内，中者皆踣，以其如梭之掷，故云梭枪，亦曰飞梭枪。槌枪者，木为圆首，教阅用之。近边臣献太宁笔枪，首刃下数寸施小铁盘，皆有刃，欲刺人，不能捉搦[⑥]也，以状类笔故云。

拒马枪，其制以竹若木，三枝六首，交竿相贯，首皆有刃，植地辄立。贯处以铁为索，更相勾联。或布阵立营，拒险塞空，皆宜设之。所以御贼突骑，使不得骋，故曰拒马。

绳系枪头，则为钭[⑦]鞭；绳离枪头尺余，则为团腰。斜鞭，左脚左手在前，阴手使；团腰，右脚右手在前，阴阳手使。其妙在善收。以銕[⑧]团恍人目，则即进枪也。吕公拐降枪，前有月牙铲。左搧右搧，使孙膑拐。小拐群枪，亦降枪，前有枪头，离枪头一尺五置一横拐，离一尺又置一横拐，十字相交，以折枪竿，长丈二三，圆转不停，即与狼铣降枪同法。

处州人使狼铣[⑨]，右脚右手在前，阴阳手；使攩扒，亦多如此。犹开弓之左右也。

注释

① 疾藜条为上……余木不可用：藜条，应为“蒺藜”。唐顺之云，枪杆的三种选材依次是疾藜木、柘条、枫条。南宋华岳《翠微先生北征录》卷八“叉枪制”云：“叉杆蒺藜条为上，柘条次之，枫条又次之，余木不可用。”这与唐文所云完全相同，或唐氏引前人之说。

按：明代文献中，枪杆取材各不相同，如何良臣《阵记》云：“南方以竹为杆，甚称省便；北地风高易裂，须得丝觔缠扎乃可，否则以椆木代之犹胜。”程宗猷《长枪法选》云：“其木色有稠木、有檀木、有检栗木，皆大木取小劈刨而成，多不坚牢易断。必选生成者为上，有槼条木，有牛筋木（赤者为佳，白者次），有茶条木，有米枯木（有名乌槼），有拓条木，有白蜡条木（有名水黄荆）。”《手臂录》云：“枪材，以徽州牛筋木者为上，剑脊木次之，红棱劲而直，且易碎。白蜡软，棍材也。”茅元仪《武备志》云：“枪杆稠木第一，合木轻而稍软，次之。要劈开者佳，锯开者纹斜易折。攒竹腰软必不可用。北方干燥竹不可用，木杆可用；东南竹木皆可通用。”可见，枪杆首选必须是硬韧木材，次选是软硬适中的木材，最次为软木。

② 鐏（zūn）：枪根处圆锥形的金属套。

③ 边人：指驻守边境的官兵、士兵等。唐朝王建《送人》诗云：“边人易封侯，男儿恋家乡。”明代刘基《关山月》：“愿得驰光照明主，莫遣边人望乡苦。”

④ 蛮獠：旧时对西南方少数民族的蔑称。

⑤ 旁牌：即盾牌。

⑥ 捉搦（nuò）：握持之意。

⑦ 钭（dǒu）：酌酒器。“四库本”作“斜”。此处应为“斜”之误。后文“斜鞭”“团腰”应为两种枪法技法。

⑧ 銕（tiě）：同“铁”。

⑨ 处州人使狼铣：处州，今浙江丽水。铣，为“筅”之误。

狼筅，为明代军中兵器，最早为明英宗正统九年至十四年间（1444—1449年），浙江丽水矿工叶宗留起义军发明，所以唐顺之有“处州人使狼筅，左脚右手在前，阴阳手”之说。明嘉靖年间，著名军事家戚继光在东南沿海的御倭战争中广泛运用了这种兵器，而名噪一时。对于狼筅的形制，戚继光《练兵实纪·杂集》卷五之“军器制解”云：“狼筅乃用大毛竹，上截连四旁附枝，节节枒杈。视之粗可二寸，长一丈五、六尺，人用手势遮蔽全身，刀枪丛刺，必不能入，故人胆自大，用为前列，乃南方杀倭利器。”茅元仪《武备志》卷一〇四之“军资乘·器械三”中亦有言及。

按：有说狼筅为戚继光所发明，不确，若为戚氏所发明，则狼筅不会见于唐氏著述，实际情况是狼筅因戚继光在抗倭战争中的广泛使用而名噪一时，戚氏或加以改进，但并不是首创。

今译

略

攻行守固法：

凡枪以动静两分，动则为攻，静则为守。攻内有行，守内有固，此为攻行守固，以无为是也。凡攻，至交姤得气处止，棍头接着为得气。攻而有两行则以守，攻而后行内有守。攻而不行，方激而后行。以守激不行，而再激行，得以前攻。行激守皆为正，攻内有化为斜。以金木水火土为正五行。五行有变，上下跳跃走步，谓之不正，为斜。斜，偏也。偏以勾隔劈绞为外五行，因偏故不及子午正攻。无制攻形之说，乃进枪之要诀也。外有虚空无之要，乃攻行之内发用之道也。

激为问，问之必答；问而无应者，如痴哑之人面立也。战斗之机，何以为胜败乎？守固者皆为备己，攻行者诸能治人。斜正交行，内有酌见[①]，子午配合，观其动静。知识[②]攻行化论，故可以守，待其动也。神不定而心乱为，谓之不识斜正。

右[③]论攻行守固，不在扎法内讲。

扎法：实扎、虚扎、拿扎、打扎、穿扎、滚扎、单手扎、扎中扎、三阳扎、挫手扎。

有不犯五行扎。

有量枪扎，冲开子午之门；埋头上扎，先阴变阳攻；抛高扎，乃阳变阴攻。此三扎，不在五行虚实中论。

虚实有空忘，势为无交合，故有内。去留之道，分其浊，辨其浮沉，可取皆在于五行浑浊之内。纷纷逵逵[④]，周度无穷，洞察玄微，道合气行，有亿万化生。学者可以详究为节，万无一失。

论中虚实：滚穿花浮为虚，打拿挫扑为实。上抛、中量、下颠、扎内、行空、至极、为无、伏虎等势，俱斜路棍，习棍法两敲卓，离一尺高一尺。

注释

① 酌见：应为“灼见”。

② 知识：了解，辨识。

③ 右：古代刊本为繁体竖排，故谓上文所述则为“右”。与“横排刊本”之“上”相当。

④ 遶（rào）：同“绕”。

今译

略

剑[1]

电掣昆吾晃太阳，一升一降把身藏【左右四顾四剑】。摇头进步风雷响，滚手连环上下防【开右足一剑，进左足一剑，又左右各一剑，收剑】。左进青龙双探爪【缩退二步开剑，用右手十字，撩二剑，刺一剑】，右行丹凤独朝阳【用左手一刺，跳进二步，左右手各一挑，左右手各一盖，右手一门转步，开剑作势】。撒花盖顶遮前后【右滚花六剑，开足】，双竖剑[2]，马步之中用此方。蝴蝶双飞射太阳【右足进步，右手来去二剑；左足进步，左手一刺一晃】，梨花舞袖把身藏

【退二步，从上舞下四剑】。凤凰浪翅乾坤少【进右足，转身张两手，仍翻手。左手一剑，右手来去二剑，左手又剑，开剑进右足】，掠膝连肩劈两旁。进步满空飞白雪【从下舞上四剑，先右手】，回身野马去思乡【右手抹眉一剑，右手抹脚一剑；抹眉一剑，左手抹腰一剑；一刺右剑，一手收剑】，镆铘曾入千军队。

以生牛皮裁成甲片，用刀刮毛，以破碗舂碎，筛成半米大屑，调生漆傅上，则利刃不能入。[3]

注释

① 明代的剑法文献留存极少，唐顺之《武编前集·卷五·剑》为一《剑诀歌》，这也是现存最早的一篇《剑诀》，然今人不能依诀演练。此诀后来被茅元仪收入自己所编纂的《武备志》中。

② 双竖剑：此三字底本与参校本（四库本）有，而茅元仪《武备志·卷八十六》无。

③ 此段为“甲”制，置于此处，疑为误植。茅元仪《武备志》无此段。

今译

略

刀

双刀[1]：

他若使一伏虎打我头，却以左手监[2]住，右手一抹刀；若被他彻捧[3]走了，番身一抹刀。他若使一水平枪来扎我，却以右手监住，左手一抹刀。他若使一秃龟来斫我却[4]面，以左手监住，右手斫虎口。他若使一单提来打我膀，不拘左右，以手监住，一抹刀。他若使老僧拖杖扫我脚，以左手[5]监住，右手一抹刀；若彻捧走了，就削虎口。他若使一横龙枪[6]来札[7]我，以左手监住，右手一抹刀。他若使一仙人教化来戳，以左手监住，右手一抹刀。他若使一老鹳衔食来斫我脚，以刀十字架住，一刀就斫虎口。他若使一鞭铺来打我，以右手监住，左手一抹刀。他若使一举手朝天来打我，以刀左手监住，右手一抹刀。他若使一虎歇势来打我，不拘左右，一[8]手监住，一抹刀。用者有法。

注 释

① 此篇为双刀技法的文献，也是目前可见最早的双刀技法文献。从内容来看，这应该是双刀与长器械（枪、棒等）的对折训练。篇中计有“伏虎、水平枪、秃龟、单提、老僧拖杖、横（黄）龙枪、仙人教化、老鹳衔食、鞭铺、举手朝天、虎歇”等十一种进攻方式，然由于该篇既无图谱，又无进一步详细说明，也无其他文献可资参照，所以对这些招式的具体技法不得而知，因此对于全篇的理解也造成了很大的障碍。

② 监：本意为“察看、看守、统领”等。

按：此一“监”字，为双刀技法的核心所在，从该篇内容来看，运刀的技法不外乎先“监”后“抹”，因此，只有“监”住对方的器械，才有机会进攻对方。由此，“监”在该篇中所指，应为格挡或粘住对方的器械，以便进行下一步“抹”的攻击动作。

不惟双刀技法用“监”，下篇之《简》也用“监”。可知，“监”为双器械常用技法。

③ 彻捧：彻，原文繁体为“徹”，应为“撤”之误，后同。捧，“棒”之异体。后同。

④ 却：应为“脚”之误。又，四库本作“脚”。

⑤ 手：底本、四库本均无，依文义所加。

⑥ 横龙枪：应为“黄龙枪”，明代民间日用类书之“武备门”中，多有“黄龙枪”之说，《简》篇作“黄龙枪”。

⑦ 札：同“扎”，如《西游记》：“语来言去各仇恨，棒迎拐架当心札。”

⑧ 一：据文义，应为“以”之误。

今译

略

简

简破捧法[①]：

简有刺手卧步，且如他一绞手扫䐑[②]疾[③]，便把简以左手监[④]住，右手刺胸。若被他提立水走了[⑤]，番身左手斫右手，刺右边，右手一般使用。他若打一伏虎，以右手监住，以右手刺心下。若被他打腰，以右手监住，左手刺左边；以左手监住，右手刺之。若使一水平枪来，以左手监住，右手刺喉下。他若彻[⑥]枪走了，便随他番身，就斫刺肋下。若接草[⑦]打我头，以简十字架住，彻右手简刺齐[⑧]。他若番错折[⑨]我心，就以右手简住刺斫。他若使老僧拖杖来扫我脚，以简监住，不拘左右手刺之。他若使一秃龟来折我脚面，以左手监住，右手刺之。他使一虎歇势来打我，以右手监住，左手刺之。他若使一草提[10]来打我膀，不拘左右手，简监住刺之。他若使果然强来扫我脚，以左手简监住，右手刺之；右边以右手简监住，左手刺之。他若使一黄龙枪来擢[11]我，把脚步摄过来，以左手简监住，以右手刺之。他若后面打一伏虎，来打我头，番身不拘左右，简监[12]住刺肋下。他若使一棒来打我耳根，以右手扑开，左手刺之。他若使一下绞手来打我，以左手简监住，右手刺之；右边以右手监住，左手刺之。他若使老鹳衔食来拆[13]我脚面，不拘左右，手监住刺之。他若使猿猴抱树，以简抵住，彻右手简刺之。若被他番鐕拆我心头，以简监住刺之。用者有法。

且如他使一伏虎，我却以左手打开，右手打平。他若使一秃龟来拆我脚面，不拘左右手打开，却打头。他若使一水平枪平扎我，以左手打开，却以右手打头。他彻枪走了，番身却打。他若使一果然强来扫我脚，却以左手打开，右手打头。他若使一老鹳衔食来斫脚面，却以左手打开，右手打他。若使一枪来扎我膝，不拘左右，以手打开，却打他。若使一脚伏梁来打我膀，以右手打开，左手打头。他若使一老僧拖杖来扫脚，不拘左右，以手打开，却打他。若使一黄龙枪来扎我，却以左手打开，右手打头。用者有法。

注 释

① 简破搼法：简，古文献中又作“锏”，宋《武经总要》云：“铁鞭、铁锏二色：鞭，其形大小长短，随人力所胜用之。有人作四棱者，谓之铁锏，谓方棱似形，皆鞭类也。”从该篇内容来看，为“简”与“棒”的对拆训练法，其技法与《刀》篇多有相似之处，或同为双器械之故。搼，“棒”之异体。后同。

② 膁：同“肷”，指身体两旁肋骨和胯骨之间的部分。

③ 疾：快速、迅速。

④ 监：参见《刀》篇“注释②”。

⑤ 被他提立水走了：语义不明，疑有衍文。

⑥ 彻：原文繁体为“徹”，应为“撤”之误。后同。

⑦ 草：此处不明其意，或为“着”之误。

⑧ 齐：依文义，应为“脐”之误。

⑨ 折：依文义，应为“斫”之误。后同。

⑩ 草提：应为“单提”，四库本作“单提”。

⑪ 擢：依文义，应为“戳”之误。又，《扒》篇作“戳”。

⑫ 监：底本、四库本均无，依文义所加。

⑬ 折：依文义，应为“斫”之误。又，《刀》篇也作“斫”。

今译

略

鎚

夫鎚[1]者，暗器也，不得已而用之，步势为之黑星穿月。流星鎚[2]有二，前头者谓之正鎚，后面手中提者谓之救命鎚。[3]用者有法：上使撒花盖顶，下使枯树盘根。[4]

注释

① 鎚：同“锤”，《正字通·金部》：“锤，与鎚、椎通”。“鎚”为古兵器名，多为柄的上头有一金属圆球。西汉黄门令史游《急就篇》：有“铁锤檛杖棁柲殳”，颜师古注云：“锤亦可以击人，故从兵器之例。张良所用击秦副车，亦此物也。”可知锤的历史悠久。然而该篇所述并非柄头装金属圆球之锤，而是一种软器械。

② 流星鎚：又名“飞锤”“走线锤”，是将金属鎚头系于长绳一端或两端而制成的软兵器。如铜锤只系一端者为单流星锤，两端各系铜锤者为双流星锤。该篇所述即为双流星锤。

按：流星锤平时将绳索折成若干折，或藏于袖中，用时即可一抽而出，在古代常作暗器使用。故该篇开头便有“夫鎚者，暗器也”之说。

③ 前头者……谓之救命鎚：是说双流星锤在使用之时，前面手中为正锤，后面手中为救命锤。

④ 上使撒花盖顶，下使枯树盘根：均为流星锤的主要技法。

今译

略

扒

扒，步势谓之七贤过关[①]。若被他一伏虎打我头，我使一扒就地托起，番鐟拆[②]心头；若被一棒打开，我又复一扒。他使一水平枪来戳，我一中横扒打开，就戳喉[③]下。他使一绞手打我脚，一鐟住支似[④]，又复一扒。他若右边使一绞手打我脚，我使一鐟支住，就发一枪。他若后一伏虎来打我头，番身一鐕打开，又复一扒打面。他若使后头戳一水平枪来，番身一中横扒打开。他若使一单提来打我膀，一上横扒打开，番身[⑤]一鐕戳喉下，使打开一横戳心下。用者如法。

注释

① 七贤过关，为古代较为固定的人马画题材，其内容是记述唐代开元年间（713—741 年）的七位才子顶风冒雪出蓝田关、游龙门寺的典故。对于“七贤”究系何人，说法不一。据明代杨慎《画品·卷一·七贤过关》云：“世传《七贤过关图》，或以为即竹林七贤尔，屡有人持其画来索题，漫无所据。观其画衣冠骑从，当是魏晋间人物，意态若将避地者，或谓即《论语》作者七人像而为画尔。”姜孟宾举人云：“是开元日冬雪后，张说、张九龄、李白、李华、王维、郑虔、孟浩然出蓝田关、游龙门寺，郑虔图之。”

② 折：依文义及《刀》篇、《简》篇，应为“斫”之误。

③ 喉：底本作“蹗”，今据四库本改之。

④ 支似：按下句，应为“支住”。

⑤ 身：底本、四库本均无，依文义所加。

今译

略

攩

攩[①]：大进三步，使小七星上，存身卧步，复回步角。入步，大量上托掩护头身脚。步里步外分左右，要遮拦，双手双脚要举正。不欲外视，分圈里圈外。扎远对棒不要惧，飞身入合功难当。上面来时并口掩月，下若扎膁[②]疾使鸡拨食，就削中刺水平。中横攩打开，疾莫上步，左肋使天王托塔。那[③]步又助掩月，向前鹞子翻身左边。若是棒家急进步，一枪一棒疾为先。海青拿鹅[④]，左手攒高，右手将头在地，双鱼钱水中扎用之。飞身追赶相随步，正面对机关，不怕英枪伏虎，左右胁肋切要护。如若左边一棒来，一鐕打开提玉兔，番身三滚手，切莫向右走。一头了，十头低。虎背山前威势，有九托、三赶、七番、八拗、十扑、二十四打攩。

且如他打一伏虎，一鐕打开，复一横攩。他若使水平枪先来扎我，我以一中横攩打开，就削上去。若使一绞手撦[⑤]膁，一鐕打开，复一拍攩，就削上去。若使秃龟来折[⑥]我脚面，一鐕打开，就削上去。他若使一鞭铺来打我膀，一鐕打开，复上一横攩削之。他若使横龙枪[⑦]来扎我，一上横攩打开，就削之。他若使一长行用来打我，我以一鐕打开，复一横攩，就削之。上有机关，下有散法。

注释

① 攩：同“挡”，阻挡、遮蔽之意。此处应为“钂”之误。而“钂”（“镋”之繁体）为古兵器名，十八般武艺中即有“镋”之一席。

② 膁：同“肷”，指身体肋骨和胯骨之间的部分。

③ 那：依文义，应为“挪”之误。

④ 海青拿鹅：海青，亦名海东青，是雕的一种，猎人用它来捕猎天鹅等鸟类。“海青拿鹅”也是古代琵琶曲目。

⑤ 撦：形见《四声篇海·手部》：“音章。”《中华字海·手部》：“疑为

‘樟’的讹字。”按《简》篇、《扒》篇，此处或为“扎”“打”之误。

⑥ 折：应为“斫”之误。

⑦ 横龙枪：应为“黄龙枪”之误。

注 释

略

纪效新书·拳经捷要篇

戚继光

拳法似无预[①]于大战之技，然活动手足，惯勤肢体，此为初学入艺之门也。故存于后，以备一家。

学拳要身法活便，手法便利，脚法轻固，进退得宜。腿可飞腾，而其妙也；颠起倒插[②]，而其猛也；披劈横拳，而其快也；活捉朝天，而其柔也。知当[③]斜闪[④]。故择其拳之善者三十二势，势势相承。遇敌制胜，变化无穷。微妙莫测，窈焉冥焉，人不得而窥者谓之神。俗云："拳打不知。"是迅雷不及掩耳，所谓"不招不架，只是一下，犯了招架，就有十下。"博记广学，多算而胜[⑤]。

注 释

① 无预：无关联。如宋代周密《齐东野语·洪君畴》："使天下明知宰相台谏之去，出自独断，于内侍初无预焉。"

② 颠起倒插：照旷阁本、三才图会本等作"颠起倒插"，隆庆本、西谛本、武备志本等作"颠番倒插"。番，同"翻"。

③ 当：古代武术中的一个重要术语。古人较艺，往往是按照一定的路数你

来我往，也允许在一定的机会突发实手，这个机会就是“当”。俞大猷《剑经》云“此‘当’字，如曲中之拍位，妙不可言”。马明达《戚继光〈拳经〉谈论》一文对“当”有详细的阐释，可参考。

④ 斜闪：明末清初张孔昭《拳经拳法备要·问答歌诀二十款》云：“问曰：斜行并闪步，何为？答曰：在避直逃冲。避冲飞斜势难当，逃直非闪焉能防；用横用直急起上，步到身傍跌见伤。”马明达先生认为，此处“斜行并闪步”即为“斜闪”，意在“避直逃冲”。因此，“斜闪”就是疾速避开对方的锋芒并由被动转入主动的重要方法。

⑤ 多算而胜：语出《孙子·始计篇》：“夫未战而庙算胜者，得算多也；未战而庙算不胜者，得算少也；多算胜，少算不胜，而况于无算乎？吾以此观之，胜负见矣。”算，原为计数用的筹码，此处引申为胜利的条件。

今译

拳法似乎与大规模的军事战争没有关联，然而它能灵活手脚，养成身体勤劳的习惯，这是初学战斗技艺的入门之路。因此，把它保存在后，作为一家之说。

学习拳法，要做到身法灵活，手法敏捷，步法轻健稳固，进身退步要能得其时宜。腿可飞起袭敌，这是它的巧妙；颠翻倒插一类的摔跌，是它的凶猛；披劈横拳之类的打法，是它的迅捷；活捉朝天一类的拿法，是它的柔顺。明白了攻守之中的机会便可防守反击。因此选择各类拳法中优秀的三十二个拳势，使之势势相互衔接。在应用夺取胜利时，有无穷的变化。微妙之处令人高深莫测，深邃而幽远，使人看不透其法，才称得上神明。俗话说：“拳打不知。”这好比迅猛的雷霆使人来不及掩耳一样，也就是所说的“不招不架，只是一下，犯了招架，就有十下。”所以要博学广记，多算后才能取胜。

古今拳家，宋太祖有三十二势长拳，又有六步拳，猴拳，囮拳，名势各有所称，而实大同小异。至今之温家七十二行拳，三十六合锁，二十四弃，探马，八闪番，十二短，此亦善之善者也。吕红八下虽刚，未及绵张短打。山东李半天之腿，鹰爪王之拿，千跌张之跌，张伯敬之打，少林寺之棍与青田棍法相兼，杨氏枪法与巴子拳棍，皆今之有名者。虽各有所取，然传有上而无下，有下而无上，就可取胜于人，此不过偏于一隅。若以各家拳法兼而习之，正如常山蛇阵法，击首则尾应，击尾则首应，击其身而首尾相应，①此谓上下周全，无有不胜。

大抵拳、棍、刀、枪、叉、钯、剑、戟、弓矢、钩镰、挨牌之类，莫不先有拳法活动身手。其拳也，为武艺之源，今绘之以势，注之以诀，以启后学。既得艺，必试敌，切不可以胜负为愧为奇，当思何以胜之，何以败之，勉而久试。怯敌还是艺浅，善战必定艺精。古云“艺高人胆大”，信不诬矣。

余在舟山公署②，得参戎刘草堂③打拳，所谓“犯了招架，便是十下”之谓也，此最妙，即棍中之连打连戳一法。

注释

① 正如常山蛇阵法……首尾相应：比喻反应敏捷。语出《孙子》：“率然者，常山之蛇也，击其首，则尾至，击其尾，则首至，击其中，则首尾俱至。”

② 公署：古代官员办公的住所。

③ 参戎刘草堂：明清的武官参将，俗称“参戎”。刘草堂，名显，字草堂，明代南昌人，曾任苏州、松江参将，后任副总兵、总兵等官职。《明史》卷212

有传。

今译

古今拳术门派，宋太祖有三十二势长拳，又有六步拳、猴拳、囮拳，名目与拳势虽然各有称呼，而实际内容却大同小异。留传到现在的温州七十二行拳、三十六合锁、二十四弃、探马、八闪番、十二短，等等，也是好中之好的拳法。吕红的拳法八势虽然刚强，但比不上绵张的短打。山东李半天的腿法、鹰爪王的拿法、千跌张的跌法、张伯敬的打法、与青田棍法相融合的少林寺棍法以及杨氏枪法、巴子拳棍，等等，都是如今闻名于世的。以上拳家，虽然各有长处，然所传授有上无下，或有下无上的拳法，都足以战胜别人，但这不过是片面之间。如果能综合学习各家拳法的长处，则好似“常山蛇阵法”，攻击其头部，尾部则能救应；攻击其尾部，头部可来救应；攻击其身躯，而头、尾一齐来相应。上下齐全完备，没有什么不胜利的了。

大体上说，拳、棍、刀、枪、叉、钯、剑、戟、弓矢、钩镰、挨牌之类，都是先从拳法活动身手开始的。拳法为武艺的根源，现在把《拳经》“三十二势”绘制成图，并加注歌诀，借以启示后来的学习者。既然学了拳艺，就一定要参加比试，决不可因为获胜而骄傲，或者因为失败而羞愧，应当想想为什么能够获胜或者失败，从而勉励自己经常实战比试。临阵怯敌还是武艺不深，善战能胜一定武艺精。古人说：“艺高人胆大”，这话实在不假。

我在舟山公署时，得见参将刘草堂打拳，他所说的“犯了招架，便是十下”是最精彩的，这也就是棍法的连打连戳之法。

三十二拳势[1]【图略】

懒扎衣出门架子，变下势霎步单鞭，对敌若无胆向先，空自眼明手便。

金鸡独立颠起，装腿横拳相兼，抢背卧牛双倒，遭着叫苦连天。

探马传自太祖，诸势可降可变，进攻闪退弱生强，接短拳之至善。

拗单鞭黄花紧进，披挑腿左右难防，抢步上拳连劈揭，沉香势推倒太山。

七星拳手足相顾，挨步逼上下隄笼，饶君手快脚如飞，我自有搅冲劈重。

倒骑龙诈输佯走，诱追人遂我回冲，恁伊力猛硬来攻，怎当我连珠炮动。

悬脚虚饵彼轻进，二换腿绝不饶轻，赶上一掌满天星，谁敢再来比并。

丘刘势左搬右掌，劈来脚入步连心，挪更拳法探马均，打人一着命尽。

下插势专降快腿，得进步搅靠无别，钩脚锁臂不容离，上惊下取一跌。

埋伏势窝弓待虎，犯圈套寸步难移，就机连发几腿，他受打必定昏危。

抛架子抢步披挂，补上腿那怕他识，右横左采快如飞，架一掌不知天地。

拈肘势防他弄腿，我截短须认高低，劈打推压要皆依，切勿手脚忙急。

一霎步随机应变，左右腿冲敌连珠，恁伊势固手风雷，怎当我闪惊巧取。

擒拿势封脚套子，左右压一如四平，直来拳逢我投活，恁快腿不得通融。

中四平势实推固，硬攻进快腿难来，双手逼他单手，短打以熟为乖。

伏虎势侧身弄腿，但来凑我前撑，看他立站不稳，后扫一跌分明。

高四平身法活变，左右短出入如飞，逼敌人手足无措，恁我便脚踢拳捶。

倒插势不与招架，靠腿快讨他之赢，背弓进步莫迟停，打如谷声相应。

井栏四平直进，剪臁提膝当头，滚穿劈靠抹一钩，铁样将军也走。

鬼蹴脚抢人先着，补前扫转上红拳，背弓颠补披揭起，穿心肘靠妙难传。

指当势是个丁法，他难进我好向前，踢膝滚躜上面急，回步颠短红拳。

兽头势如牌挨进，恁快脚遇我慌忙，低惊高取他难防，接短披红冲上。

神拳当面插下，进步火焰攒心，遇巧就拿就跌，举手不得留情。

一条鞭横直披砍，两进腿当面伤人，不怕他力粗胆大，我巧好打通神。[②]

雀地龙下盘腿法，前揭起后进红拳，他退我虽颠补，冲来短当休延。

朝阳手偏身防腿，无缝锁逼退豪英，倒阵势弹他一脚，好教他师也丧身[③]。

雁翅侧身挨进，快腿走不留停，追上穿庄一腿，要加剪劈推红。

跨虎势挪移发脚，要腿去不使他知，左右跟扫一连施，失手剪刀分易。

拗鸾肘出步颠剁，搬下掌摘打其心，拿鹰捉兔硬开弓，手脚必须相应。

当头炮势冲人怕，进步虎直撺两拳，他退闪我又颠踹，不跌倒他也忙然。

顺鸾肘靠身搬打，滚快他难遮拦，复外绞刷回拴肚，搭一跌谁敢争前。

旗鼓势左右压进，近他手横劈双行，绞靠跌人人识得，虎抱头要躲无门。

注 释

①《拳经捷要篇》收入明代各家拳法三十二势，故又称“拳经三十二势”。目前所见的各种清代刊本，缺了其中八势，只有二十四势。西谛本、隆庆本为全本，有全部的三十二势。此外茅元仪《武备志》、王圻、王思义父子《三才图会》辑录也有全部的三十二势。另外，万历二十七年所刊刻的民间日用类书《新刻天下四民便览三台万用正宗》卷二十六“武备门”部分有“宋太祖三十二势长拳歌”，从内容来看，显然源自戚氏之“拳经三十二势”。

西谛本、隆庆本原本校者尚未得见，但据这两个本子所点校的《纪效新书》早已面世，盛冬铃点校本底本为西谛本（《纪效新书》中华书局，1996 年）、曹文明点校本底本为隆庆本（《纪效新书》中华书局，2001 年）。通过对比西谛本与隆庆本，发现两个本子的“拳经三十二势”顺序相同。因此，照旷阁本所缺的八势，据此二本补入。

②“高四平、倒插势、井栏四平、鬼蹴脚、指当势、兽头势、神拳、一条鞭”，此八势底本缺，据西谛本、隆庆本补入。

③ 好教他师也丧身：西谛本、隆庆本作“好教师也丧声名”。

王征南墓志铭

黄宗羲[1]

少林以拳勇名天下，然主于搏人，人亦得以乘之。有所谓内家者，以静制动，犯者应手即仆，故别少林为外家，盖起于宋之张三峰。三峰为武当丹士，徽宗召之，道梗[2]不得进，夜梦玄帝[3]授之拳法，厥明，以单丁杀贼百余。

三峰之术，百年以后，流传于陕西，而王宗为最著。温州陈州同，从王宗受之，以此教其乡人，由是流传于温州。嘉靖间，张松溪[4]为最著。松溪之徒三四人，而四明叶继美、近泉为之魁，由是流传于四明。四明得近泉之传者，为吴昆山、周云泉、单思南、陈贞石、孙继槎，皆各有授受。昆山传李天目、徐岱岳；天目传余波仲、吴七郎、陈茂弘。云泉传卢绍岐。贞石传董扶舆、夏枝溪。继槎传柴玄明、姚石门、僧耳、僧尾。而思南之传，则为王征南。

注 释

① 黄宗羲（1610—1695年）：明末清初经学家、史学家、教育家等，字太

冲，号南雷，又号梨洲，学者称为梨洲先生，浙江余姚人。崇祯二年（1629年），从学刘宗周。并与复社著名文士相往来。崇祯十五年（1642年），会试北京，名落孙山，后与弟宗炎、宗会同游四明山，三兄弟均以文学著名，儒林称之为“东浙三黄”。1644年明朝灭亡，他招募义兵，抵抗清军南下，曾被南明鲁王任为左副都御史。抗清失败后，隐居著述，多次拒绝清廷的征召。黄宗羲学识渊博，精通经史、天文、历法、数学、音律。黄宗羲一生勤于著述，作品甚多，有《易学象数论》《授书随笔》《律吕新义》《孟子师说》《南雷文案》《诗案》等五十余种、近千卷。代表作品是《明夷待访录》和《明儒学案》。康熙二十七年（1688年），自己筑墓，墓中放一石床，不用棺椁，遗命以一被一褥和常穿的衣服角巾殓。康熙三十四年七月初三日（1695年8月12日），在浙江余姚辞世，终年八十六岁，家人遵遗命，不棺而葬。生平见《清史稿》卷480《儒林传》，详见全祖望《黄梨洲先生神道碑文》（《鲒埼亭集》卷十一）。

《王征南墓志铭》作于清康熙己酉年，即公元1669年。

② 梗：阻塞之意。

③ 玄帝：玄帝有三解，其一，指北方之帝，即颛顼。《庄子·大宗师》云：“颛顼得之，以处玄宫。”唐代成玄英疏：“颛顼，黄帝之孙，即帝高阳也，亦曰玄帝……年九十七崩，得道，为北方之帝。”其二，指夏禹。禹治水有功，水色黑，故称玄帝。唐代陈子昂《昭夷子赵碑》：“玄帝传家，五百数终。”其三，指道教所信奉的真武大帝。张三峰所梦玄帝即指真武大帝。

④ 张松溪，明嘉靖末浙江鄞县人，师从孙十三老，为当地著名武术家。明代万历首辅沈一贯作《搏者张松溪传》、清代曹秉仁《宁波府志》有《张松溪传》一文，对张松溪生平行谊有较详细的记述。

今译

少林以拳勇闻名天下，然而以主动进攻为主，别人也可以乘机反击。有人说内家拳，是以静制动，来犯的人随手就会跌倒，因此把少林另称为外家，内家大概起源于宋代的张三峰。张三峰是武当山炼丹的方士，宋徽宗召见他，路上受阻不能继续前进，夜里梦见真武大帝传授他拳法，天亮后，以一人之力杀贼百余人。

张三峰的拳术，百年后流传于陕西，以王宗最为著名。温州的陈州同从王宗学到其技，并教给乡人，于是内家拳流传于温州。嘉靖年间，张松溪最为著名。松溪的徒弟有三四人，以四明人叶继美、近泉为最好，于是又流传于四明。四明得到近泉传授的，有吴昆山、周云泉、单思南、陈贞石、孙继槎，都各有传授。昆山传给李天目、徐岱岳。天目传给余波仲、吴七郎、陈茂弘。云泉传给卢绍岐。贞石传给董扶舆、夏枝溪。继槎传给柴玄明、姚石门、僧耳、僧尾。而思南则传给王征南。

思南从征关白①，归老于家，以其术教授，然精微所在，则亦深自秘惜，掩关②而理，学子皆不得见。征南从楼上穴板窥之，得梗概。思南子不肖，思南自伤身后，莫之经纪。征南闻之，以银卮数器，奉为美榇③之资。思南感其意，始尽以不传者传之。

征南为人机警，得传之后，绝不露圭角④，非遇甚困则不发。尝夜出侦事，为守兵⑤所获，反接廊柱，数十人轰饮⑥守之。征南拾碎磁，偷割其缚，探怀中银，望空而掷，数十人方争攫⑦，征南遂逸出。数十人追之，皆殕地⑧，匍匐不能起。行数里，迷道田间，守望者又以为贼也，聚众围之。征南所向，众无不受伤者。岁暮独行，遇营兵七八人，挽之负重。⑨征南苦辞求免，不听。征南至桥上，弃其负，营兵拔刀拟之⑩，征南手格，而营兵自掷仆地，铿然⑪刀堕，如是者数人，最后取其刀投之井中。营兵索绠⑫出刀，而征南之去远矣。

注释

① 关白：日本古代官名。天皇年幼时太政大臣主持政事称“摄政”，天皇成年亲政后改称“关白”。日本仁和三年（887年），宇多天皇即位后下诏：“唯诸事先经关白过问，然后奏闻天皇。”始有“关白”之称。关白握有实权，长期有藤原氏充任。院政时期，作用已有削弱。至江户时代（1603—1867年），已有名无实。

按：明万历二十年（1592年），关白丰臣秀吉派兵入侵朝鲜，明朝出兵救援，故时人习惯称为“征关白”。明代沈德符《万历野获编·兵部·斩蛟记》云：“关白之犯朝鲜，朝议倾国救之。”此是说单思南参加了明朝对朝鲜的救援战争。

② 掩关：即闭门、关门之意。唐代吴少微《怨歌行》云：“长信重门昼掩关，清房晓帐幽且闲。”明代刘基《辛卯仲冬雨中作》诗之一：“青灯无光掩关坐，饥鼠相衔啼过我。”

③ 檟（jiǎ）：楸树的别称。楸木一般用作家具木材，也作棺木材料，此处为棺木之意。

④ 圭角：圭，古代帝王或诸侯在举行典礼时拿的一种玉器，上圆（或剑头形）下方。圭角即其棱角，比喻锋芒。

⑤ 守兵：指负责守备的士兵。

⑥ 轰饮：指许多人聚在一起狂饮。

⑦ 争攫（jué）：即争抢。

⑧ 踣（bó）地：跌倒在地。

⑨ 岁暮独行，遇营兵七八人，挽之负重：此句是说，年末的一天，征南独自走在街上，遇到七八个官兵，强行让其背负重担。

⑩ 拟之：此句是说官兵准备拔刀捉拿王征南。

⑪ 铿（kēng）然：是指刀落地时发出的响亮声音。宋人苏轼《石钟山记》有云：“石之铿然有声者，所在皆是也。”

⑫ 绠（gěng）：指汲水用的绳子。

今译

思南从军征战关白，年老后回家，以自己的内家拳传授徒弟，但其中微妙精深的地方，也不轻易传人，关起门来独自练习，徒弟们都不能看到。征南在楼上楼板的缝隙中偷看，得到了大概。思南的儿子不成器，思南为自己的后事无人料理而伤心。征南知道后，便拿了几件银质酒器，奉献给他作为购买棺木的费用。思南有感于他的诚意，才把不传之秘全部传授给征南。

征南做人处世机智灵敏，得到真传后，绝不显露锋芒，只有在十分危急的时候才使用。他曾于夜间出去侦查情况，被守卫的士兵俘获，反绑在廊柱上，十多个人聚集在一起，一边狂饮一边看守着他。征南捡起一块碎瓷片偷偷地割断绑缚的绳索，拿出怀中的银子，抛掷空中，趁守兵抢夺之际，征南逃了出去。十几个人追他，都跌倒在地不能起来。跑了几里地后，迷失在田地间，看守的人又以为他是贼，聚集众人围住他。征南所到之处，没有人不受伤的。年末的一天，征南独自走在街上，遇到七八个官兵，强行让其背负重担。他苦苦推托求免，营兵不予理睬。到桥上的时候，征南丢掉背着的东西，营兵拔刀准备砍他，征南徒手相格，而营兵都自己跳起来扑倒在地上，刀也铿然落地，像这样跌倒的营兵有好几人，最后征南把刀丢进井里。营兵找来井绳取出刀时，征南已经走得很远了。

凡搏人，皆以其穴，死穴、晕穴、哑穴，[①]一切如铜人图法[②]。

有恶少侮之者，为征南所击，其人数日不溺[③]，踵门[④]谢过，使得如故。牧童窃学其法，以击伴侣，立死。征南视之曰："此晕穴也，不久当苏。"已而果然。征南任侠[⑤]，尝为人报雠[⑥]，然激于不平而后为之。有与征南久故者，致金以雠其弟[⑦]，征南毅然绝之，曰："此以禽兽待我也。"

注 释

① 凡搏人……哑穴：内家拳（非今日所言太极、八卦、形意者）文献中，有穴法的记载，见于黄宗羲《王征南墓志铭》、黄百家《王征南先生传》以及清代曹秉仁《宁波府志·张松溪传》，而更早的明代沈一贯所作《搏者张松溪传》，并没有关于穴法的记载。黄氏父子所记"以穴博人者"皆为王征南，而曹秉仁所记为张松溪。黄宗羲与曹秉仁所记穴法相同，都为死穴、晕穴、哑穴，惟顺序不同，《宁波府志·张松溪传》云："（张松溪）博人，必以其穴：有晕穴、有哑穴、有死穴，相其穴而轻重击之，无毫发爽者。"而黄百家所记，除了此三穴之外，又多出"咳穴、膀胱、虾蟆、猿跳、曲池、锁喉、解颐、合谷、内关、三里等穴"。黄百家所述之穴位，详见《王征南先生传》校释，兹不赘言。

② 铜人图法：是指铜制人体经络穴位模型。此模型最早为北宋王惟一于天圣五年（1027 年）创铸。此前，王惟一编纂完成《铜人腧穴针灸图经》三卷，此书考订了经络循行和腧穴部位，详述腧穴的主治疾病和疗法；在此基础上铸成铜人模型，刻示经络、腧穴部位；又绘制十二经图，叙述了 11 世纪以前的针灸经络学说。

③ 溺（niào）：作动词，指排泄小便，后作"尿"。

④ 踵门：亲自上门之谓。

⑤ 任侠：指凭借权威、勇力或财力等手段扶助弱小者，帮助他人。

⑥ 报雠：亦作"报仇"。

⑦ 以雠其弟：雠，通"仇"，"以雠其弟"是指为其弟报仇。

今 译

打人时都打穴位，如死穴、晕穴、哑穴，一切都按铜人图法。

有一恶少侮辱征南，被他打后，恶少便几天不能小便，亲自登门谢罪后，才得以恢复正常。有个牧童偷学了他打人方法，用来击打同伴，同伴马上死去。征南看了以后说："这是晕穴，一会儿便可醒过来。"后来果真如此。征南好打抱不平，曾经为人报仇，那是激于不平而做的事情。有人与征南是很久的故交，送钱要他去给自己的弟弟报仇，征南毅然拒绝，说："你这是以禽兽来看待我了。"

征南名来咸，姓王氏，征南其字也，自奉化来鄞。祖宗周，父宰元，母陈氏，世居城东之车桥，至征南而徙同岙[①]。少时，隶卢海道若腾[②]，海道较艺给粮，征南尝兼数人。直指行部[③]，征南七矢破的，补临山把总[④]。钱忠介公建□，以中军统营事[⑤]，屡立战功，授都督佥事[⑥]、副总兵官[⑦]。事败，犹与华兵部[⑧]勾致岛人[⑨]，药书[⑩]往复。兵部受祸，雠首未悬[⑪]，征南终身菜食[⑫]，以明此志，识者哀之。

注 释

① 同岙：地名。今宁波鄞州区五乡镇。《三字经》作者王应麟亦为同岙人氏。

② 隶卢海道若腾：海道，明代在沿海重要地区设有"巡海道"的官职。

卢若腾（1598—1664 年），字闲之，又字海运，号牧洲，一作牧舟，福建浯州（今金门）人。崇祯十二年（1639 年）进士。授兵部主事，擢郎中。出为浙江布政司左参议，领巡海道，驻宁波。又于宁波兴利除弊，民称"卢菩萨"。十七年（1644 年），福王即位南京，授其佥都御史、巡抚凤阳。南明隆武元年（1645 年），唐王朱聿键即位福州，授其浙东巡抚，驻温州，后加兵部尚书。清军南下，奉守平阳，力战负伤，后转入闽海，居浯州，勤于著述。郑成功至厦门，礼为上宾。南明永历十八年三月（1664 年），与前右副都御史沈佺期、刑部主事许吉爆同舟赴台投郑，至澎湖突然病重而卒。卢若腾一生著述甚丰，有《留庵文集》（26 卷）、《方舆互考》（32 卷）、《与耕堂随笔》《岛噫诗》《岛居随录》《浯州节烈传》《印谱》等，后多散失，仅存《岛噫诗》一书行世。

③ 直指行部：直指，汉武帝时朝廷设置的专管巡视、处理各地政事的官员。也称“直指使者”，因出巡时穿着绣衣，故又称“绣衣直指”，或称“直指绣衣使者”。明人则称各省的巡按御史为直指。“直指行部”是说巡按御史巡视部署。

④ 补临山把总：临山，今浙江余姚市临山镇。把总，明清两代镇守地方的武官，职位次于千总，为低级武官。

⑤ 钱忠介公建□，以中军统营事：钱忠介公，即钱肃乐（1606—1648 年），字希声，一字虞孙，号正亭。浙江鄞县人。崇祯年间进士。南明福王弘光元年（1644 年）清兵攻破杭州，宁波诸生董志宁等领导民众，拥护钱肃乐为领袖，举兵反清，应者达数万人。南明绍武二年（1646 年），由海岛入闽。浙、闽失守后，他漂泊海岛，拥鲁王继续抗清。死后鲁王谥其忠介。黄宗羲作有《钱忠介公传》。

“建”后缺一字，按文意，或为“义”字。建义，谓兴义军，举义旗。如黄宗羲《明夷待访录·兵制二》云：“是故建义于郡县者，皆文臣及儒生也。”

中军，指主将或指挥部。此处指王征南为钱肃乐直属卫队的指挥官。

⑥ 都督佥事：明朝初年（1361 年），朱元璋改原枢密院为大都督府，设大都督职位，统领内卫（京城）、外卫（地方）兵马。明末，大都督府为五军都督府（中军都督府、左军都督府、右军都督府、前军都督府、后军都督府）的总称，每府设都督及都督同知、都督佥事。都督佥事为都督助手，通常协助都督分管军纪、训练等事务。

⑦ 总兵官：武职官名，明初为出征时的统帅，后为镇守地方的最高武职。其次为副总兵官。

⑧ 华兵部：即鄞县人华夏，曾被授并不职方郎中，故称“华兵部”。清顺治二年（1645 年）华夏起义抗清，失败后，又联络据守海岛滃洲的总兵黄斌卿，在顺治五年（1648 年）再次起义，但失败了，第二年被杀害。

⑨ 岛人：即黄斌卿，字明辅，号虎痴，浙江莆田人。崇祯十年（1637 年），因军功调浙江宁台参将，统领水师，镇守舟山。十七年福王即位南京时升为总兵官。后督师广西。翌年，黄道周、郑芝龙等拥唐王朱聿键称帝福州，复封其为威卤侯，镇守舟山。挂镇南将军印，加封肃国公。清顺治六年（1649 年）南明政权唐王、鲁王内讧，鲁王兵败于闽，欲退舟山，其不受理。九月，鲁王遣部将张名振、阮进合兵讨伐，兵败城破，偕二女赴水死。

⑩ 药书：指用药水写的密信，经过特殊的处理之后方能看出字迹。

⑪ 雠首未悬：雠，同“仇”，仇人之谓，此处指鄞县谢三宾。谢三宾，字象三，号寒翁，浙江鄞县人，钱谦益门生，明末降臣。天启五年（1625 年）进士，永嘉县令。崇祯时，官至太仆寺卿。清兵南下，降顺江浙抗清义士，多为所陷害。华夏、黄斌卿起义之事，因谢三宾告密失败，华夏被害，而谢未死，故云“雠首未悬”。

⑫ 菜食：即素食。

今译

征南名来咸，姓王，征南是他的字，是从奉化迁来鄞县的。祖父宗周，父亲宰元，母亲陈氏，世代居住在城东的车桥，到征南才迁到同岙。征南年轻时隶属卢若腾部下，卢氏衡量各人的武艺配给口粮，征南曾领用多人口粮（此处是说征南武艺高强）。巡按御史巡视部属，征南七箭中的，补授临山把总。钱肃乐起兵，王征南以中军统领营务，屡立战功，授为都督佥事、副总兵官。失败后，他仍同华夏联络黄斌卿，密信往来。华夏被害，而仇人未死，征南终身素食，以表明自己的志愿，知道的人都为他感到悲伤。

征南罢事[①]家居，慕其才艺者，以为贫必易致，营将皆通殷懃[②]，而征南漠然不顾，锄地担粪，若不知己之所长，有易于求食者在也。

一日，过其故人。故人与营将同居，方延[③]松江教师，讲习武艺。教师倨坐[④]弹三弦，视征南麻巾缊袍[⑤]若无有。故人为言征南善拳法，教师斜眄[⑥]之，曰："若亦能此乎?"征南谢不敏[⑦]。教师轩衣张眉[⑧]曰："亦可小试之乎?"征南固谢不敏。教师以其畏己也，强之愈力。征南不得已而应，教师被跌，请复之，再跌而流血破面。教师乃下拜，贽以二缣[⑨]。征南未尝读书，然与士大夫谈论，则蕴藉[⑩]可喜，了不见其为麄[⑪]人也。

注释

① 罢事：指不问世事。

② 营将皆通殷懃：营将，指清军将领。殷懃（qín），同"殷勤"。

③ 方延：方，表示时间，"正好""正在"之意。延，邀请之谓。

④ 倨坐：倨，通"踞"，指伸开脚坐着。倨坐，即"踞坐"，指坐时两脚底和臀部着地，两膝上耸。倨坐是一种待人傲慢的坐姿。

⑤ 缊（yùn）袍：用乱麻旧棉作絮的袍子，常为贫穷者所穿。《论语·子罕》："衣敝缊袍，与衣狐貉者立，而不耻者，其由也与?"

⑥ 眄（xì）：看。

⑦ 征南谢不敏：不敏，谦词，犹不才。"征南谢不敏"，是说征南推辞说自己不会拳法。

⑧ 轩衣张眉：轩，高起，飞扬之谓。《魏书·路恃庆传》附路思令上疏有"轩眉攘腕"之语，轩眉犹扬眉。张眉，舒展眉毛，神情兴奋貌。韩愈《石鼎联句》诗序："喜视之若无人，弥明忽轩衣张眉，指炉中石鼎谓喜曰：'子云能诗，

能与我赋此乎?’”

⑨ 贽以二缣：贽，赠送，持物以求见。缣，双丝的淡黄色绢。

⑩ 蕴藉：含而不露。

⑪ 麄（cū）：同“粗”。

今译

征南在家不问世事，羡慕他技艺的人，认为他贫穷必定容易招致，清军将领也都向他通献殷勤，而征南却漠然不顾，耕田挑粪，像不知道自己所擅长的武艺中，有容易求食的本领。

一天，征南去看望老友。老友与营将在一起，正请了一位松江教师在讲习武艺。武师傲慢地坐着弹三弦，把身穿布衣的征南不放在眼里。老友向他说征南擅长拳法，教师斜视着说：“你也会这个吗?”征南推辞说不会。教师敞衣扬眉说：“可以试一试吗?”征南坚持推辞说不会。教师以为征南害怕自己，更加强邀他。征南不得已便答应了，教师被征南弄跌了一跤，要求再来，第二次则被跌的流血破面。教师于是向他下拜，并赠送两匹细绢。征南没有读过书，但与士大夫谈论，却含蓄有物令人欣喜，一点也看不出他是个粗人。

余弟晦木①，尝揭之见钱牧翁②，牧翁亦甚奇之。当其贫困无聊③，不以为苦，而以得见牧翁、得交余兄弟，沾沾自喜，其好事如此。④

予尝与之入天童⑤，僧山焰有膂力，四五人不能掣其手。稍近征南，则蹶然负痛。征南曰：“今人以内家无可眩曜，于是以外家搀入之，此学行当衰矣。”⑥因许叙其源流。忽忽九载，征南以哭子死。⑦高辰四状其行，求予志之。⑧余遂叙之于此，岂诺时意之所及乎。⑨生于某年丁巳[10]三月五日，卒于某年己酉[11]二月九日，年五十三。娶孙氏，子二人：梦得，前一月殇[12]；次祖德。以某月某日葬于同岙之阳。

铭曰：有技如斯，而不一施。终不鬻技[13]，其志可悲。水浅山老，孤坟孰保。视此铭章[14]，庶几有考。

注释

① 晦木：即黄宗炎（1616—1686 年），字晦木，一字立谿，人称鹧鸪先生。崇祯中贡生，学行与宗羲不相上下，而高傲过之。著《周易象辞》《寻门余论》《山栖集》等书。

② 钱牧翁：即钱谦益（1582—1664 年），字受之，号牧斋，江苏常熟人，明万历三十八年（1610 年）一甲三名进士。钱谦益是东林党的领袖之一，官至礼部侍郎，因与温体仁争权失败而被革职。明亡后，马士英、阮大铖在南京拥立福王，建立南明弘光政权，钱谦益依附之，为礼部尚书。后降清，为礼部侍郎。乾隆四十一年（1776 年）十二月，皇帝下诏将钱谦益列贰臣传。

③ 无聊：无以为生。

④ 余弟晦木……其好事如此：“四部丛刊本”有存，而康熙二十七年（1688 年）“靳治荆刻本”、咸丰三年（1853 年）广东南海伍崇曜“粤雅堂丛书”本均无。

⑤ 天童：即宁波天童寺。

⑥ 今人以……当衰矣：这句话意思是说，现在的人认为内家拳没有什么可以用来炫耀的，所以将外家功夫掺入里面，这个学问很快就要衰败了。

⑦ 忽忽九载，征南以哭子死：忽忽，时间快速飞逝的样子。此句是说，倏忽又过了九年，王征南因为悲痛儿子的夭亡而死。

⑧ 高辰四状其行，求予志之：高辰四，生卒年不详，名斗权，明末清初人

士，抗清斗士，浙江鄞县人。与长兄斗枢、弟斗魁（旦中）、从子宇泰（虞尊），被时人尊称“四高公”。高辰四交游甚广，除了与黄宗羲、黄宗炎兄弟外，还与吕留良、李邺嗣等人多有过从。康熙三年（1664年），高辰四造访吕留良，后去福建，吕作有《喜高辰四至，遂送之闽》诗三首。李邺嗣有《赠辰四旦中四首》《高辰四五十序》等诗文，在《高辰四五十序》文中，李邺嗣称高辰四：“辰四意思渊长，徐吐一言，常有深致；晚年始为文章，简淡有法；贫无斗储，闭门怡然。”

“高辰四状其行，求予志之”句是说，高辰四把王征南的一生写了出来，并让我写墓志。

⑨“余遂叙之于此，岂诺时意之所及乎”句：“四部丛刊本”有存，而康熙二十七年（1688年）“靳治荆刻本”、咸丰三年（1853年）广东南海伍崇曜“粤雅堂丛书”本均无。

⑩ 丁巳：明万历四十五年（1617年）。

⑪ 己酉：清康熙八年（1669年）。

⑫ 殇：未成年而死名之殇。

⑬ 鬻（yù）技：此处指以武艺谋生。

⑭ 铭章：刻写在器物上的文辞。多指墓志铭。

今译

我的弟弟晦木，曾与他一起去见钱谦益先生，先生也觉得他很奇特。当他贫困潦倒无以为生时，却不以为苦，而以能见到钱老、同我们兄弟交往而沾沾自喜，他喜爱结交到了这样的地步。

我曾与征南一起去天童寺，有个叫山焰的和尚很有力气，四五个人都不能抓住他的手。但他稍稍靠近王征南，就负痛跌倒。征南说：“现在的人认为内家没有什么可以炫耀，于是将外家功夫搀入里面，这个学问很快就要衰败了。”因而同意述说内家的源流。倏忽又过了九年，征南因为儿子夭亡悲痛而死。高辰四把征南的一生写了出来，要求我写墓志。我于是写了这篇墓志，这哪里是他许诺时能想到的呢？征南生于丁巳年三月五日，死于己酉年二月九日，享年五十三。妻子孙氏，有两个儿子：梦得，前一个月夭折；次子，祖德。以某月某日葬于同岙之南。

墓志铭为：有这样的技艺，却不施展出来。终生不以武艺谋生，志气让人悲悯。一旦水浅山老，孤坟难保。看了这段铭文，就几乎可以考证了。

王征南先生传

黄百家[1]

征南先生有绝技二：曰拳，曰射。然穿杨贯戟[2]，善射者古多有之，而惟拳则先生为最。盖自外家至少林，其术精矣。张三峰既精于少林，复从而翻之，是名内家。得其一二者，已足胜少林。

先生从学于单思南，而独得其全。余少不习科举业，喜事甚，闻先生名，因裹粮[3]至宝幢[4]学焉。先生亦自绝怜其技，授受甚难其人，亦乐得余而传之[5]【有五不可传：心险者，好斗者，狂酒者，轻露者，骨柔质钝者】。居室欹窄[6]，习余于其旁之铁佛寺。

注 释

① 黄百家（1643—1709 年）：字主一，原名百学，号不失，又号耒史，别号黄竹农家，黄宗羲季子。幼承庭训，博览群籍，研习天文、历法、数学。清康熙十九年（1680 年），明史馆聘黄宗羲赴京与修，以年老辞，总裁遂延请百家及万斯同赴京入馆，以所学撰《天文志》《历志》数种。

《王征南先生传》一文，作于康熙十五年（1676 年）。

② 穿杨贯戟：穿杨，形容射术高超。《史记·周本纪》："楚有养由基者，

善射者也，去柳叶百步而射之，百发而百中之。”

贯，精通、熟练之谓。戟，古代五兵之一，此处指称武艺。贯戟，意指精通武艺。

又有“穿杨贯虱”一词，以形容射法高超。然此处讲拳术与射法二事，故“穿杨贯戟”分别指射法与拳术，这也就与“善射者古多有之，而惟拳则先生为最”一语相契合，而不应看作“穿杨贯虱”之讹误。

③ 裹粮：为“裹糇粮”之省称，谓携带熟食干粮，以备远行。语出《诗·大雅·公刘》：“乃裹糇粮，于橐于囊。”

④ 宝幢：佛教用语，本义为“装饰着宝物的旗帜”。此处为地名用语，位于鄞县（今鄞州区）东部阿育王寺旁，附近又有“璎珞”地名。阿育王寺造于晋代，相传寺成之日，东边璎珞连绵、西面宝幡幢幢，因此时人就把阿育王寺东西两地分别命名为“璎珞”“宝幢”。

⑤ 先生亦自绝怜其技……传之：绝怜，极其喜爱、珍惜之意。“先生自绝怜其技……传之”句，是说：征南非常珍惜自己的武技，不肯轻易传授他人，不过很乐意传授于我。

⑥ 居室敧窄：敧（qī），通“攲”，倾侧不平之谓。居室攲窄，是说住的房子又歪又小。

今 译

征南先生有两项绝技，一为拳术，一为射术。对于射术与武艺，精通射术者古代很多，而拳术则只有先生最好。从外家拳到少林拳，拳术已经很精湛了。张三峰在精通少林拳之后，又对它加以改造创编，称为内家拳。能够学得很少一些，就足以胜过少林拳。

先生跟随单思南学习，且只有他精通全部拳术。我小时候不学科举那一套，喜欢多事，听到先生的名声，便带上钱粮专程去宝幢向王先生学拳。先生也非常珍惜自己的武技，不肯轻易传授他人，不过很乐意传授于我【有五种人不能传授：心险的人，好斗的人，酗酒的人，轻露的人，骨柔质钝的人】。他的住室歪斜而狭窄，便在旁边的铁佛寺中教我。

其拳法，有应敌打法色名[①]若干【长拳、滚斫、分心十字、摆肘逼门、迎风铁扇、弃物投先、推肘捕阴、弯心杵肋、舜子投井、剪腕点节、红霞贯日、乌云掩月、猿猴献果、绾肘裹靠、仙人照掌、弯弓大步、兑换抱月、左右扬鞭、铁门闩、柳穿鱼、满肚疼、连枝箭、一提金、双架笔、金刚跌、双推窗、顺牵羊、乱抽麻、燕抬腮、虎抱头、四把腰等】[②]，穴法若干【死穴、哑穴、晕穴、咳穴、膀胱、虾蟆、猿跳[③]、曲池、锁喉、解颐、合谷、内关、三里等穴】[④]，所禁犯病法若干【懒散、迟缓、歪斜、寒肩、老步、腆胸、直立、软腿、脱肘、戳拳、扭臀、曲腰、开门捉影、双手齐出】[⑤]。

而其要则在乎练[⑥]，练既成熟，不必顾盼拟合[⑦]，信手而应[⑧]，纵横前后，悉逢肯綮[⑨]。其炼法有：炼手者三十五【斫、削、科、磕、靠、掳、逼、抹、芟、敲、摇、摆、撒、镰、撂、兜、搭、剪、分、挑、绾、冲、钩、勒、跃、兑、换、括、起、倒、压、发、插、削、钓】[⑩]，炼步者十八【瓮[⑪]步、后瓮步、碾步、冲步、撒步、曲步、蹋步、敛步、坐马步、钓马步、连枝步、仙人步、分身步、翻身步、追步、逼步、斜步、绞花步】。而总摄于六路与十段锦之中，各有歌诀。【其六路曰：佑神通臂最为高，斗门深锁转英豪，仙人立起朝天势，撒出抱月不相饶，扬鞭左右人难及，煞锤冲掳两翅摇。其十段锦曰：

立起坐山虎势，回身急步三追，架起双刀敛步，滚斫进退三回，分身十字[12]既急三追，架刀斫归营寨，纽拳碾步势如初，滚斫退归原路，入步韬随前进，滚斫归初飞步，金鸡独立紧攀弓，坐马四平两顾。】[13]

注释

① 色名：即名色。名目、名称之谓。

② 长拳……四把腰等：此三十一势应敌打法，部分可见于明代民间日用类书之“武备门”部分的“临危解法”。

③ 猿跳：应为“环跳”，或为刊刻之误。

④ 死穴……三里等穴：沈一贯《搏者张松溪传》、黄宗羲《王征南墓志铭》谓穴法有三，即“死穴、哑穴、晕穴”，黄百家又多出十种。

按：唐豪尝考其穴（见《内家拳·内家拳穴法的研究》，上海：中华武术学会，1935 年），谓：“百家《内家拳法》中的合谷、内关、三里、曲池等酸痛诸穴，图经（即宋人王惟一《铜人腧穴针灸图经》）中虽有其名，而实异用。唯天突一穴，按之咳嗽，可当百家所云咳穴。然合谷、内关、三里、曲池诸穴，须捉臂点按，遇肌肉坚实，指力欠劲者不应。天突亦须捉颈从容为之，小炫技巧以骇庸俗则可，游动斗殴以制敌人则难。又铜人图中，只有膀胱俞而无膀胱穴名，膀胱在肚脐下盆骨内，受伤足以致命，应入死穴。环跳一穴，因臀部肌肉丰厚，受搏无甚酸痛，不应列入拳家穴法之内。解颐、锁喉，皆拳中打法解数，并非穴名。解颐者，搏人颐部脱臼之法；锁喉者，搏人喉部闭气之法。一可致脑部震荡而晕倒，为晕穴之一；一可致喉管损短而死亡，为死穴之一。虾蟆穴待考。”

⑤ 小懒散……双手齐出：以上十四种禁犯病法，黄百家在后文“六路”诠释中特别指出两种：其一为直立，其云：“凡步俱蹲坐，直立者病法所禁”；其二为戳拳，其云：“凡长拳要对直手背，向内向外者，即病法中戳拳”。

⑥ 鍊：同“炼”，后同。下苦功以求其精之意。

⑦ 顾眄拟合：顾眄，因“眄”与“盼”形相近，又“眄”亦有“盼”之读音，故今人文本多作“盼”；顾眄，即环视、左顾右盼之意；“顾眄拟合”即指练拳之时，左顾右盼看其是否中正合和。

⑧ 信手而应：信手拈来，用起来得心应手之谓。

⑨ 肯綮：筋骨结合的地方，比喻要害或重要的关键。典出《庄子·养生主》：“技经肯綮之未尝，而况大軱乎?”陆德明释文：“肯，著骨肉。綮，犹结处也。”

⑩ 攞：此字查无出处，台湾“教育部异体字字典”（网络检索）亦不见收录，今人多作“罴”。

“练手者三十五”中，“削”凡两见，重复。有人释一为“xue”，一为“xiao”，不知何据。后文又云“三十五拿：即斫、删、科、磕、靠等”，可知所谓“练手者三十五”即“三十五拿”，然前文“削”凡两见，而无“删”，后文有“删”，或前文之“削”，有一为“删”之误。

⑪ 瓩：查无出处，今人多作“瓦”“驰”等。

⑫ 分身十字：“打法色名”作“分心十字”，文后亦同。按黄百家对“十段锦”之“分身十字”的诠释，“分心”或为“分身”之误。

⑬ 其六路曰……四平两顾：前文所述“应敌打法”中，在六路中可见者，仅长拳、抱月、乱抽麻、扬鞭等四法；十段锦所见者，唯滚斫与分身十字二法。

今译

内家拳法，有对付对手的打法名称若干【长拳、滚斫、分心十字、摆肘逼门、迎风铁扇、弃物投先、推肘捕阴、弯心杵肋、舜子投井、剪腕点节、红霞贯日、乌云掩月、猿猴献果、绾肘裹靠、仙人照掌、弯弓大步、兑换抱月、左右扬鞭、铁门闩、柳穿鱼、满肚疼、连枝箭、一提金、双架笔、金刚跌、双推窗、顺牵羊、乱抽麻、燕抬腮、虎抱头、四把腰等】，穴法若干【死穴、哑穴、晕穴、哑穴、膀胱、虾蟆、环跳、曲池、锁喉、解颐、合谷、内关、三里等穴】，禁止触犯的病法若干【懒散、迟缓、歪斜、寒肩、老步、腆胸、直立、软腿、脱肘、戳拳、扭臀、曲腰、开门捉影、双手齐出】。

而这些拳法的关键在于练习，练习熟练以后，不必左顾右盼考虑是否中正和合，就能得心应手，前后纵横，都能击到对手的要害。内家拳的练法有：手法练习有三十五【斫、削、科、磕、靠、掳、逼、抹、芟、敲、摇、摆、撒、镰、播、兜、搭、剪、分、挑、绾、冲、钩、勒、跃、兑、换、括、起、倒、压、发、插、削、钓】，步法练习有十八【垫步、后垫步、碾步、冲步、撒步、曲步、蹋步、敛步、坐马步、钓马步、连枝步、仙人步、分身步、翻身步、追步、逼步、斜步、绞花步】。这些都归于六路和十段锦当中，分别有歌诀。【六路歌诀为：佑神通臂最为高，斗门深锁转英豪，仙人立起朝天势，撒出抱月不相饶，扬鞭左右人难及，煞锤冲掳两翅摇。十段锦歌诀为：立起坐山虎势，回身急步三追，架起双刀敛步，滚斫进退三回，分身十字既急三追，架刀斫归营寨，纽拳碾步势如初，滚斫退归原路，入步韬随前进，滚斫归初飞步，金鸡独立紧攀弓，坐马四平两顾。】

顾其词皆隐略难记，余因各为诠释之，以备遗忘。[①]

诠六路曰：

斗门：左膊垂下，拳冲上当前，右手平屈向外，两拳相对为斗门。以右足踝前斜，靠左足踝后，名连枝步。右手以双指从左拳钩进复钩出，名乱抽麻。右足亦随右手向左足前钩进复钩出，作小蹋步还连枝。

通臂：长拳也。右手先阴出长拳，左手伏乳。左手从右拳下亦出长拳，右手伏乳，共四长拳。足连枝随长拳，微搓挪左右。凡长拳要对直手背，向内向外者，即病法中戳拳。

仙人朝天势：将左手长拳，往右耳后向左前斫下，伏乳，左足搓左，右手往左耳后向右前斫下，钩起阁[2]左拳背，拗右拳正当鼻前，似朝天势。右足跟划进当前，横向外，靠左足尖，如丁字样，是为仙人步。凡步俱蹲矬[3]，直立者病法所禁。

抱月：右足向右至后大撤步，左足随转右，作坐马步，两拳平阴相对为抱月。复搓前手还斗门，足还连枝，仍四长拳。敛左右拳紧叉当胸，阳面，右外左内，两胳[4]夹胁。

扬鞭：足搓转向后，右足在前，左足在后，右足即前进追步，右手阳发阴，膊直，肘平屈，横前如角尺样。左手扯后伏胁，一敛转面，左手亦阳发阴，左足进，同上。

煞锤：左手平阴屈横，右手向后兜至左掌，右足随右手齐进至左足后。

冲掳：右手向后翻身直斫，右足随转向后，左足揭起，左拳冲下着左膝上，为钓马步。此专破少林搂地挖金砖等法者。右手掳左胳，左手即从右手内竖起，左足上前逼步，右足随进后仍还连枝，两手仍还斗门。

两翅摇摆[5]：两足搓右作坐马步，两拳平阴着胸，先将右手掠开，平直如翅，复收至胸，左手亦然。

诠十段锦曰：

坐山虎势：起斗门，连枝足搓向右，作坐马，两拳平阴着胸。

急步三追：右手撒开转身，左手出长拳，同六路。但六路用连枝步，至搓转方右足在前，仍为连枝步；而此用进退敛步，循环三进。

双刀敛步：左膊垂下，拳直竖当前，右手平屈向外，叉左手内，两足紧敛步。

滚斫进退三回：将前手抹下，后手斫进，如是者三进三退。凡斫法上圆、中直、下仍圆，如钺斧样。

分身十字⑥：两手仍着胸，以左手撒开，左足随左手出，右手出长拳，循环三拳；右手仍着胸，以右手撒开，左足转面，左手出长拳，亦循环三拳。

架刀斫归营寨：右手复叉左手内，斫法同前滚斫法，但转面只三斫，用右手转身。

扭拳碾步：拳下垂，左手略出，右手下出上进，俱阴面；左足随左手，右足随右手，搓挪不转面，两纽。

滚斫退归原路：左手翻身三斫，退步。

韬搥连进：左手平着胸，略撒开，平直；右手覆拳兜上，至左手腕中止；左足随左手入，敛步翻身，右手亦平着胸，同上。

滚斫归初飞步：右手斫后，右足搓挪。

金鸡立紧攀弓：右手复斫，右足搓转，左拳自上插下，左足钓马进半步，右足随还连枝，即六路拳冲钓马步。

坐马四平两顾：即六路两翅摇摆。还斗门，转坐马摇摆。

六路与十段锦多相同处，大约六路炼骨，使之能紧，十段锦紧后又使之放开。

先生见之笑曰：余以终身之习，往往犹费追忆，子一何简捷若是乎？虽然，子艺自此不精矣。

注释

① 黄百家诠释六路与十段锦，底本为小字，鉴其字数较多，故不再用“【】”标识。

② 阁：通“搁”，放置、搁置之谓。

③ 矬：将身子蜷缩起来。蹲矬，即蹲下身体之谓。

④ 胮（zhēng）：《康熙字典》“未集下·肉部”云：“《集韵》《类篇》从甾茎切，音争。足跟筋也。”又今人作“睁”，不确。按文义，“两胮夹胁”应为两肘关节夹住胁部，所以“胮”应为“肘”之误。

⑤ 两翅摇摆：即“六路”之“两翅摇”。唐豪《内家拳》一书之“内家拳的练法”中，将“两翅摇摆”误入“冲掳”一法，不确。（见：唐豪《内家拳》，上海：中华武术学会，1935 年）

⑥ 分身十字：详见前文“注释⑫”。

今译

不过那些歌诀隐晦简略，不便于记忆，因此一一为其诠释，以备遗忘。

“六路”的诠释：

斗门：左臂下垂，拳冲上当前，右手平屈向外，两拳相对为斗门。以右脚踝前斜，靠左脚踝后，叫连枝步。右手以双指从左拳钩进复钩出，叫乱抽麻。右脚也随右手向左脚前钩进复钩出，作小蹋步还连枝。

通臂：也叫长拳。右手先阴手出长拳，左手伏乳。左手从右拳下也出长拳，右手伏乳，共做四遍长拳。足连枝随长拳，稍微向左右搓挪。凡长拳要对直手背，向内向外者，即病法中戳拳。

仙人朝天势：将左手长拳，往右耳后向左前斫下，伏乳，左脚搓左，右手往左耳后向右前斫下，钩起搁左拳背，拗右拳正当鼻前，像朝天势。右脚跟划进当前，横向外，靠左脚尖，如丁字样，叫仙人步。凡步型都要蹲下身体，直立者为错误。

抱月：右脚向右至后大撒步，左脚随即转向右，作坐马步，两拳平阴相对为抱月。复搓前手还斗门，脚还连枝步，仍做四次长拳。左右拳收回紧叉当胸，阳手，右外左内，两肘夹住胁部。

扬鞭：脚向后搓转，右脚在前，左脚在后，右脚即前进追步，右手阳手变阴手，直臂屈肘，横与胸前像角尺一样。左手扯后伏胁，一敛转面，左手亦阳手变阴手，左脚进，同上。

煞锤：左手平阴屈横，右手向后兜至左掌，右脚随右手齐进至左脚后。

冲掳：右手向后翻身直斫，右脚随转向后，左脚揭起，左拳冲下置左膝上，叫钓马步。这一路专门破“少林搂地挖金砖”等技法。右手掳左肘，左手即从右手内竖起，左脚上前逼步，右脚随进后仍作连枝步，两手仍还斗门。

两翅摇摆：两脚向右搓，作坐马步，两拳平阴着胸，先将右手掠开，平之如翅，复收至胸，左手亦然。

“十段锦”的诠释：

坐山虎势：起斗门，连枝步脚搓向右，作坐马，两拳平阴着胸。

急步三追：右手撒开转身，左手出长拳，同六路一样。但六路用连枝步，搓转后右脚方在前，仍为连枝步；而此用进退敛步，循环三进。

双刀敛步：左臂下垂，拳直竖当前，右手平屈向外，叉在左手内，两脚紧敛步。

滚斫进退三回：将前手抹下，后手斫进，这样三进三退。凡斫法上圆、中直、下仍圆，像钺斧一样。

分身十字：两手仍着胸，以左手撒开，左足随左手出，右手出长拳，循环三拳；右手仍着胸，以右手撒开，左足转面，左手出长拳，亦循环三拳。

架刀斫归营寨：右手复叉左手内，斫法同前滚斫法，但转面只三斫，用右手转身。

扭拳碾步：拳下垂，左手略出，右手下出上进，俱阴面；左脚随左手，右脚随右手，搓挪不转面，两扭。

滚斫退归原路：左手翻身三斫，退步。

韬搥连进：左手平着胸，略撒开，平直；右手覆拳兜上，至左手腕中止；左脚随左手入，敛步翻身，右手亦平着胸，同上。

滚斫归初飞步：右手斫后，右脚搓挪。

金鸡独立紧攀弓：右手复斫，右脚搓转，左拳从上插下，左脚钓马步进半步，右脚跟随作连枝步，即六路拳冲钓马步。

坐马四平两顾：即六路两翅摇摆。还斗门，转坐马摇摆。

六路与十段锦有许多相同的地方，大概六路练习筋骨，使之能紧，十段锦紧后又使之放开。

先生看见之后，笑着说："我练一辈子了，往往还记不起，你怎么这样简单迅捷便记下了呢？虽然如此，你的拳术从此不会精进了！"

余既习其拳，射则以无其器，而仅传其法。其射法[①]：

一曰利器[②]。调弓审矢，弓必视乎己力之强弱，矢又视乎弓力之重轻。[③]【宁手强于弓，毋弓强于手。如手有四力五力，宁挽三力四力之弓。古者以石[④]量弓，今以力，一个力重九斤四两。三力四力之弓，箭长十把[⑤]，重四钱五分；五六力之弓，箭长九把半，重五钱五分。大约射的[⑥]者，弓贵窄，箭贵轻；御敌者，弓宁宽，箭宁重。】

二曰审鹄[⑦]。鹄有远近，欲定镞之所至，则以前手高下准之。【箭不知所落处，是名野矢。欲知落处，则以前手之高下分远近。如把

子[8]八十步，前手与肩对；一百步则与眼对；一百三四十步，则与眉对；最远一百七八十步，则与帽顶相对矣。】

三曰正体。盖身有身法，手有手法，足有足法，眼有眼法。【射虽在手，实本于身。忌腆胸偃背，须亦如拳法：蹲矬连枝步，则身不动，臀不显，肩、肘、腰、腿力萃于一处。手法务要平直，必左拳与左胯、左肩及右肩、右胯，节节相对。如引绳发箭时，左手不知，巧力尽用之右手。左足尖、右足跟与上肩、手相应。眼不可单看把子，盖眼在把子，则手与把子反不相对矣。只立定时，将左足尖恰对垛心，身体既正，则手足自相应。引满时以右眼观左手，无不中矣！】

然此虽精详纤悉[9]，得专家之秘授者，犹或闻之。而惟是先生之所注意独喜自负，迥绝乎凡技之上者，于拳则有盘斫【拳家惟斫最重，斫有四种：滚斫，柳叶斫，十字斫，雷公斫。而先生另有盘斫，则能以斫破斫】；于射则于斗室[10]之中张弦，白矢[11]出而注鍭[12]，百发无失【卷席作垛，以凳仰置桌上，将席阁之，使极平正。以矢镞对席心，离一尺，满彀正体射之。矢着席，看其矢镞偏向，或左或右，即时救正之，上下亦然。必使其矢从席罅无声而过，则出而射。鍭但以左足尖对之，信手而发，自然无失】[13]。此则先生熟久智生，划焉心开[14]而独创者也。

注 释

① 其射法：黄百家所记王征南射法，被清人张潮芟其首尾，名为《征南射法》，《清史稿·艺文志》子部兵家类、唐豪《中国武艺图籍考》著录，《檀几

丛书》《古今说部丛书》、唐豪《清代射艺丛书》收录全文。

② 利器：器，指弓矢。“利器”，即“工欲善其事，必先利其器”之谓。

③ 调弓审矢……之重轻：此句是说，弓须根据自己手力的大小来挑选，箭也要根据弓力的大小来选择轻重。

④ 石（dàn）：依康熙年间御制《律吕正义》载，一石为四钧，一钧为三十斤，一斤为十六两，一两为十钱。

⑤ 把：没有具体的限定，大约为一个拳头的宽度，约十厘米。又李呈芬《射经》云：“故三力之弓，用箭则长十拳。所谓‘一拳’，名曰‘一把’。”

⑥ 的：指箭靶的中心，如众矢之的。射的，指用箭射靶。

⑦ 审鹄（hú）：鹄，指箭靶的中心，亦即“注释⑥”之“的”。审鹄，此为射事的目标所在。

⑧ 把子：同“靶子”，指箭靶。

⑨ 纤悉：细微详尽之意。

⑩ 斗室：形容狭小的房间。

⑪ 白矢：古代射礼的五种箭法之一，谓箭射穿箭靶而露出其镞。《周礼·地官·保氏》“三曰五射”，汉郑玄注：“五射：白矢、参连、剡注、襄尺、井仪也。”

⑫ 鍭（hóu）：同“镞”，即箭头。

⑬ 卷席作垛……自然无失：斗室习射之法是因“熟久智生，划焉心开而独创者也。”马明达先生言，此法“显然这是民间箭师们的一种经验性的训练方法，未见于各家射书。《征南射法》曾传到日本，被荻生徂徕收入《射书类聚国字解》一书中。卷席为垛之法对日本射手产生了影响，至今日本弓道犹保存这一练习方法。”（见马明达《中国古代射书考》）

⑭ 划焉心开：划焉，即豁然之谓。心开，即心灵开悟。

今译

我已经学习了内家拳法，而射箭因为没有弓箭，因此仅传授了射的方法。射法为：

一为精良的弓箭。张弓搭箭，弓须根据自己手力的大小来挑选，箭也要根据弓力的大小来选择轻重。【宁肯手力量大于弓力，而不能弓力强于手力。如果手有四五个力，则宁肯拉三四力的弓。古代测量弓用石，如今用力，一个力重九斤四两。三四个力的弓，所用箭的长度约为十把，重四钱五分；五六个力的弓，箭的长度约为九把半，重五钱五分。总的来说，要射中箭靶，弓窄箭轻则更好；而防御敌人的时候，则要弓宽箭重。】

二为审视靶心。靶心的距离有远有近，想要控制箭矢的落点，则以调整前手的高低为准。【不知道箭矢将落于何处叫作野箭，想知道箭的落点，则用前手的高低来区分。如果距离靶子八十步，则前手与肩相对；一百步则与眼睛相对；一百三四十步，则与眉毛相对；最远一百七八十步，则与帽子顶部相对。】

三为端正姿势。身、手、足、眼，各有法度。【虽然射箭用手，而真正的基础则在于身体的姿态。避免腆胸偃背，其方法如同拳法要求：蹲身做连枝步时，身体不动，臀部不显露，肩、肘、腰、腿等部位的力量集中于一处。手法务必要平直，左拳、左肘、左肩、右肩、右肘等每个关节都要相对。如果拉弦准备发射时，左手（持弓手）不动，技巧与力量全在于右手的撒放。左足尖、右足跟与上肩、手相对应。眼睛不能只看靶子，若眼睛只看靶子，反而手与靶子无法对应。只有在站定的时候，将左足尖对准靶心，身体既已端正，则手足也自然相应。拉满弓的时候用右眼看左手，必能射中。】

虽然这些方法细微详尽，但得到专家的私密传授，犹有所闻。只有王征南先生所珍视且远超于所有的技艺者，在拳则有盘斫【练拳的人最看重斫，斫有四种：滚斫，柳叶斫，十字斫，雷公斫。而先生另外创编有盘斫，盘斫能破其他一切斫法】；而射则在狭小的房间内，弯弓射箭，箭尖透靶，百发百中【卷张席子作为箭垛，把凳子仰放在桌上，将席搁凳子上，使其平正。箭尖正对席子中心，距离一尺，满弓正体撇放。箭头着席的时候，观察箭尖的偏向，或左边或右边，及时纠正，上下也一样。射时必须使箭从席缝间无声穿过，然后去室外习射。箭头只是以左足尖相对，随手撇放，自然不会失手】。这是征南先生熟久智生、豁然开悟之后所独创的方法。

方①余之习拳于铁佛寺也，琉璃惨澹，土木狰狞②，余与先生演肄③之余，浊酒数杯，团圞绕步④，候山月之方升，听溪流之呜咽。先生谈古道今，意气忼慨。因为余兼及枪、刀、剑、钺之法，曰："拳成外，此不难矣。某某处即枪法也，某某处即剑、钺法也。"以至卒伍之步伐，阵垒之规模，莫不淋漓倾倒⑤。曰："我无传人，我将尽授之子矣。"余时鼻端出火⑥，兴致方腾，慕睢阳伯纪⑦之为人，谓天下事必非龌龊拘儒⑧所任，必其能上马杀敌，下马擒王，始不负七尺⑨于世。顾⑩箭术虽授，未尝习其支左屈右之形⑪。因与先生约，将于明年正月具是器⑫，而卒业⑬焉。

注释

① 方：介词，当的意思。

② 琉璃惨澹，土木狰狞：琉璃，琉璃灯之指称。"琉璃惨澹，土木狰狞"，是形容铁佛寺虽已陈旧，但建筑却依旧庄严。

③ 演肄：即演习。

④ 团圞绕步：团圞（luán），环绕貌。团圞绕步，即绕着圆圈散步。

⑤ 淋漓倾倒：谓痛快畅谈。

⑥ 鼻端出火：同“鼻头出火”。形容意气风发，情绪激昂。如清人沈德潜评苏轼《方山子传》云：“写少时豪侠，有鼻端出火之概。”

⑦ 睢阳伯纪：睢阳，今河南商丘。伯纪，即宋代抗金名将李纲（1083—1140 年），字伯纪，号梁溪先生，祖籍福建邵武，祖父代迁居江苏无锡。宋徽宗政和二年（1112 年）进士，历官至太常少卿。宋钦宗时，授兵部侍郎、尚书右丞。靖康元年（1126 年）金兵入侵汴京时，任京城四壁守御使，团结军民，击退金兵。但不久即被投降派所排斥。南宋建炎元年（1127 年）五月，宋康王赵构在南京（今河南商丘南）即位，建立南宋王朝，是为高宗。宋高宗起用李纲为宰相，曾力图革新内政，然而仅七十七天即遭罢免。黄百家言“睢阳伯纪”，或因李纲曾在商丘任南宋宰相。

⑧ 龌龊拘儒：指品行卑劣、目光短浅的儒生。

⑨ 七尺：借代指七尺男儿之谓。

⑩ 顾：表示轻微的转折，相当于“不过”。

⑪ 支左屈右之形：因射箭时，左手持弓，右手屈曲控弦，所以云“支左屈右之形”。

⑫ 具是器：具，准备，置办之意。是器，指弓箭。

⑬ 卒业：指完成未完成的事业或工作。

今译

当我在铁佛寺学拳的时候，寺庙虽已陈旧，但建筑却很庄严，每日跟先生习练休息的时候，饮几杯浊酒，一边绕着圈散步，等候山间月亮升起，耳听溪流呜咽，先生谈论古今，意气慷慨。有时顺便跟我谈及枪、刀、剑、钺的使用方法，他说：“内家拳练成以后，这些就都不难了。某某处是枪法，某某处是剑、钺法。”甚至队伍的步伐、阵垒的规模，都痛快畅谈，他说：“我没有别的传人，我将全部教给你。”当时我血气方刚，兴致正浓，羡慕阳伯纪的为人，觉得天下大事绝不是那些目光短浅的儒生所能担当的，一定要做个能上马杀敌，下马擒王的人，才不白活一生。虽然学了箭术的方法，但却还没有实战的操作，所以与先生相约，明年正月的时候置办弓箭，以便完成射箭的学习。

然当是时，西南既靖，东南亦平，四海晏如，此真挽强二石，不若一丁之时。[①]家大人[②]见余跅弛放纵[③]，恐遂流为年少狭邪之徒，将使学为科举之文。而余见家势飘零，当此之时，技即成而何所用，亦遂自悔其所为。因降心抑志，一意夫经生业，担簦负笈[④]，问途于陈子夔献、陈子介眉、范子国雯、万子季野、张子心友等，[⑤]而诸君子适俱亦在甬东。

先生入城时，尝过余斋，谈及武艺事，犹为余谆谆恺切，曰："拳不在多，惟在熟，炼之纯熟，即六路亦用之不穷。其中分阴阳，止十八法，而变出即有四十九。"又曰："拳如绞花槌，左右中前后皆到，不可止顾一面。"又曰："拳亦由博而归约，由七十二跌【即长拳、滚斫、分心十字等打法名色】、三十五拿【即斫、删、科、磕、靠等】、以至十八【即六路中十八法】，由十八而十二【倒、换、搓、挪、滚、脱、牵、绾、跪、坐、挝、拿】，由十二而总归之存心之五字【敬、紧、径、劲、切】[⑥]。故精于拳者，所记止有数字。"余时注意举业，虽勉强听受，非复昔时之兴会[⑦]。而先生亦且贫病交缠，心枯容悴而惫[⑧]矣！

注释

① 挽强二石，不若一丁之时：挽强二石，指能开240斤的弓。“挽强二石，不若一丁之时”，语出《旧唐书·张弘靖传》：“今天下无事，汝辈挽得两石力弓，不如识一丁字。”

② 家大人：对他人称自己的父亲。

③ 跅弛放纵：跅（tuò）弛，放荡不循规矩；放纵，放任而不受约束。

④ 担簦负笈：簦（dēng），古代有柄的笠；笈，书箱。担簦负笈，是指背着书箱，扛着有柄的笠，奔走求学。语出南朝任昉的《求为刘瓛立馆启》：“有朋自远，无用栖凭，皆负笈担簦，栉风沐露。”

⑤ 陈子夔献……张子心友等：陈夔献，即陈赤衷（1627—1687年），字夔献，号环村。康熙六年（1667年），拜黄宗羲为师，返回甬上后，与陈锡嘏、郑梁等创办甬讲经会。是甬上讲经会的主要发起者。康熙二十六年（1687年），在穷困中卒于京邸，年61岁，著有《环村集》等。黄宗羲有《陈夔献墓志铭》

陈介眉，即陈锡嘏（1634—1687年），字介眉，号怡庭，鄞县人。康熙十五年（1676年）进士，官至翰林院编修。曾纂《皇舆表》《鉴古辑览》二书。

范国雯，生卒年不详，名用宾，字国雯，又字汝华，鄞县人。康熙十四年（1675年）诸生，与郑禹梅、万允宗、万季野、万贞一、董在中、陈赤衷等人，从学于黄宗羲，号为黄门高足。著有《制仪稿》，黄百家为之序。

万季野，即万斯同（1643—1702年），字季野，号石园。鄞县人。康熙十七年（1678年）举博学鸿儒，力辞不就。万斯同与其兄斯大共为黄宗羲弟子，其长尤在史学，著有《石园诗文集》八卷。生平事迹见《清史列传·儒林》本传、《清史稿·文苑》本传、黄百家《万季野先生斯同墓志铭》、全祖望《万贞文先生传》、钱大昕《万先生传》、刘坊《万季野先生行状》。

张心友（1640—1676年），名士埙，字心友，别号学汀，鄞县人。与陈赤衷、郑禹梅等人侍黄宗羲讲经会。康熙四年（1665年）进士，年二十五。康熙十五年（1676年）殁。

⑥ 敬、紧、径、劲、切：此五字，沈一贯《搏者张松溪传》作“勤、紧、径、敬、切”，据沈文所述，张松溪五字诀中，“勤、紧、径”为孙十三老所传，“敬、切”为张松溪所创。

⑦ 兴会：即兴致，意趣。

⑧ 惫（bèi）：衰竭，危殆之意。

今译

在那个时候，西南已经安定，东南也很平静，天下太平，这真是力挽二石强弓的武夫不如认识一个丁字的时候。家父见我浪荡放纵，担心我变成轻薄偏邪的人，准备让我走科举的道路。我也看到家势衰败，这个时候，拳术即便学成又没什么用途，因而也后悔自己的作为。因此便改变志向，专心攻读经书，便整好行装四处求学，先后向陈夔献、陈介眉、范国雯、万季野、张心友等先生请教，那时他们正好都在甬东。

征南先生进城来时，曾到我的书房，谈及武艺一事，仍然对我诚恳地谈论，他说：“拳术不在多，只在熟练，演练纯熟，即使是六路也用之无穷。六路又分阴阳，仅有十八法，演变出来却有四十九法。”又说：“拳好比绞花糙，要左右中前后都能到，不能只顾一面。”还说：“拳术也是由广博归到简约，由七十二跌【即长拳、滚斫、分心十字等打法名色】、三十五拿【即斫、删、科、磕、靠等】、到十八法【即六路中十八法】，由十八法到十二法【倒、换、搓、挪、滚、脱、牵、绾、跪、坐、挝、拿】，由十二法最后归纳为存于心的五个字【敬、紧、径、劲、切】。所以，精通拳术的人，只需记住几个字。”我当时注意的是科举文章，虽然勉强听受，究竟不如先前的兴趣。先生也贫病交加，心灰意冷，面容憔悴，近乎衰竭了。

今先生之死止七年[①]，干戈满地，锋镝纵横[②]，吾乡盗贼亦相蚁合[③]，流离载道，白骨蔽野。此时得一桑怿[④]，足以除之。而二三士子，犹伊吾于城门昼闭之中。[⑤]当事者命一二守望相助等题，以为平盗之政。[⑥]士子遮拾一二兵农合一之语，以为经济之才。[⑦]龙门子《秦士录》曰："使弼在，必当有以自见。"[⑧]言念先生，竟空槁[⑨]三尺蒿下，宁不惜哉！

注 释

① 今先生之死止七年：黄宗羲《王征南墓志铭》云征南卒于己酉二月九日，即康熙八年（1669 年），则"七年"即康熙十五年（1676 年），亦即黄百家《王征南先生传》作于康熙十五年。

② 干戈满地，锋镝纵横：锋，刀口。镝，箭头。"干戈满地，锋镝纵横"是形容到处受到战争的摧残。

③ 蚁合：像蚂蚁般纷纷集结。此处形容盗贼之多。

④ 桑怿（yì）：北宋开封雍丘（今杞县）人，两举进士不第。历任右班殿值，阁门祗侯，泾原路兵马都监。康定二年（1041 年），任福受命统兵迎击西夏军，桑怿作先锋，在好水川遇敌，追击至六盘山下，中伏战死。欧阳修作《桑怿传》。

按：桑怿寓居汝（州）颍（州）之时，各县盗贼众多，他请求补任耆长（又称"耆户长"，职司逐捕盗贼）巡回查缉盗匪。又召集街巷有劣迹的年轻人，告诫他们不要偷盗，"盗不可为，吾不汝容也"。因此，故黄百家言"此时得一桑怿，足以除之"，意思是如有像桑怿这样的一个人，那么就可以除却乡里的盗贼。

⑤ 而二三士子……昼闭之中：伊吾，象声词，指读书声。城门昼闭，白天城门关闭，意为社会混乱不安，不敢开城门。此句是说：一帮学子，不管社会

的安危，仍然在城中读书。

⑥ 当事者……平盗之政：当事者，指地方官。守望相助，谓共同防御。此句是说：当政者命一些读书人以共同防御盗匪为题歌颂，作为地方官平叛盗匪的政绩。

⑦ 士子遮拾……经济之才：经济，即经世济民的。此句是说：读书人收集几句士兵与农民的话，作为当事者经世济民的才干。

⑧ 龙门子……必当有以自见：龙门子，即宋濂（1310—1381 年），初名寿，字景濂，号潜溪，别号龙门子、玄真遁叟、仙华生、元贞子、元贞道士，等等，祖籍浙江金华潜溪。明初著名政治家、文学家、史学家，与高启、刘基并称为"明初诗文三大家"，又与章溢、刘基、叶琛并称为"浙东四先生"。明太祖朱元璋誉为"开国文臣之首"，学者称其为太史公、宋龙门。生前作品大部分合刻为《宋学士全集》（又称《宋文宪公全集》）。

按：《秦士录》一文，出自《宋文宪公全集》卷三十八，是一篇传记体小说。邓弼是秦地（陕西）一个勇力过人、文武全才的豪杰，一次在酒楼上大展文才，压倒了自命不凡的两位书生。后来到御史台自荐，要求为国家建立功业，当场用一条枪抵挡着五十个人的围攻，因而得到德王的赏识。但由于当朝丞相从中作梗，终于不得重用。报国无门，最后进王屋山出家，槁死于三尺蒿下。

"使弼在，必当有以自见"句，是说假使邓弼健在，定有表现自己才能的机会。

⑨ 槁：干枯，死亡。

今译

如今先生去世仅仅七年，到处受到战争的摧残。我家乡的盗贼如蚂蚁般纷纷聚集，百姓们四处逃难，白骨遍地。此时如果有桑怿这样的人，便可以除灭盗贼。但是一帮学子，不管社会的安危，仍然在城中读书。地方官命一些读书人以共同防御盗匪为题歌颂，作为平叛盗匪的政绩。而那些读书人收集几句士兵与农民的话，作为当事者经世济民的才干。龙门子《秦士录》说：“假使邓弼健在，定有表现自己才能的机会。”想起先生，可惜先生竟白白死去，埋藏于三尺高的草丛下，岂不令人痛惜！

嗟乎！先生不可作矣[①]！念当日得竟[②]先生之学，即岂敢谓遂有关于匡王定霸之略，然而一障一堡，或如范长生[③]、樊雅[④]等护保党闾，自审谅[⑤]庶几[⑥]焉！亦何至播徙[⑦]海滨，担簦[⑧]四顾，望尘起而无遁所如今日乎！则昔以从学于先生而悔者，今又不觉甚悔，夫前之悔矣。先生之家世本末，家大人已为之志[⑨]，小子不敢复赘。独是先生之术，所授者惟余，余既负先生之知，则此术已为广陵散[⑩]矣，余宁忍哉！故特备著其委屑[⑪]，庶后有好事者，或可因是而得之也。虽然，木牛流马[⑫]，诸葛书中之尺寸详矣，三千年以来，能复用之者谁乎？

注 释

① 先生不可作矣：作，从人，从乍，人突然站起为作。本义为人起身。此处是说征南不可能再活过来了。

② 竟：全部，完全。

③ 范长生（218—318 年）：十六国时成汉道士，又名延九、重九，字元寿，别号蜀才，涪陵丹兴（今四川黔江）人。其人精通天文术数，博学多艺，居青城山为当地天师道首领。

④ 樊雅：东晋时河南一带豪强，曾乘战乱自立谯郡太守。

⑤ 谅：料想，认为之意。

⑥ 庶几：或许可以。

⑦ 播徙：流亡迁移之谓。

⑧ 担簦：背着伞。谓奔走跋涉。

⑨ 志：是指记事的文章或书籍。此是指王征南生平一事，其父（黄宗羲）已作墓志铭（即《王征南墓志铭》）。

⑩ 广陵散：本琴曲名。三国时人嵇康善弹此曲，秘不授人。后遭谗被害，临刑索琴弹之，曰："《广陵散》于今绝矣！（《晋书·嵇康传》）"。后亦称事无后继，已成绝响者为"广陵散"。

⑪ 委屑：指细微琐碎之事。

⑫ 木牛流马：三国时诸葛亮所创制的运载工具，即独轮车与四轮车。典出《三国志·蜀志·诸葛亮传》："亮性长于巧思，损益连弩，木牛流马，皆出其意。"

今译

唉，先生是不可能起死回生了！想起以前学得先生的全部绝学，虽然不敢说就有了辅助君王、平定天下的雄才大略，然而作为一个屏障堡垒，如像范长生、樊雅等辈保护乡亲，自认为或许还可以。又何至于像现在这样浪迹海滨，四处奔走跋涉，看见尘烟起想逃而无处可逃呢！如果说先前跟随先生学拳让人后悔，则现在又不觉更悔先前之悔。先生的生平行谊，家父已经作了墓志铭，我不敢再赘述。只是先生的拳术，只有我一人学得，我既然辜负了先生的知遇之恩，那么这拳术也就成为广陵散了，我哪里忍心呢！所以，特意全面记下其的原委，希望日后有好事之人，或许靠着这些记载还能学到呢。虽然，木牛流马等运载工具，诸葛亮的书里记述着详细的尺寸，然而三千年以来，又有谁能再用到它呢？

内家拳法[1]

黄百家

自外家至少林，其术精矣！张三峰既精于少林，复从而翻之，是名内家。得其一二者，已足胜少林。王征南先生从学于单思南，而独得其全。余少不习科举业，喜事甚，闻先生名，因裹粮至宝幢学焉。先生亦自绝怜其技，授受甚难其人，亦乐得余而传之【有五不可传：心险者，好斗者，狂酒者，轻露者，骨柔质钝者】。居室敧窄，习余于其旁之铁佛寺。

其拳法，有应敌打法色名若干【长拳、滚斫、分心十字、摆肘逼门、迎风铁扇、弃物投先、推肘捕阴、弯心杵肋、舜子投井、剪腕点节、红霞贯日、乌云掩月、猿猴献果、绾肘裹靠、仙人照掌、弯弓大步、兑换抱月、左右扬鞭、铁门闩、柳穿鱼、满肚疼、连枝箭、一提金、双架笔、金刚跌、双推窗、顺牵羊、乱抽麻、燕抬腮、虎抱头、四把腰等】，穴法若干【死穴、哑穴、晕穴、咳穴、膀胱、虾蟆、猿跳、曲池、锁喉、解颐、合谷、内关、三里等穴】，所禁犯病法若干【懒散、迟缓、歪斜、寒肩、老步、腆胸、直立、软腿、脱肘、戳拳、扭臀、曲腰、开门捉影、双手齐出】。而其要则在乎炼，炼既成熟，不必顾盼拟合，信手而应，纵横前后，悉逢肯綮。其炼法有：炼手者三十五【斫、削、科、磕、靠、掳、逼、抹、芟、敲、摇、摆、撒、镰、攂、兜、搭、剪、分、挑、绾、冲、钩、勒、跃、兑、换、括、起、倒、压、发、插、削、钓】，练步者十八【垫步、后垫步、碾步、冲步、撒步、曲步、蹋步、敛步、坐马步、钓马步、连枝步、仙人步、分身步、翻身步、追步、逼步、斜步、绞花步】。而总摄于六路与十段锦之中，各有歌诀。【其六路曰：佑神通臂最为高，斗门深锁转英豪。仙人立起朝天势，撒出抱月不相饶。扬鞭左右人难及，煞锤冲掳两翅摇。其十段锦曰：立起坐山虎势，回身急步三追，架起双刀敛步，滚斫进退三回，分身十字既急三追，架刀斫归营寨，纽拳碾步势如初，滚斫退归原路，入步韬随前进，滚斫归初飞步，金鸡独立紧攀弓，坐马四平两顾。】

顾其词皆隐略难记，余因各为诠释之，以备遗忘。诠六路曰：

斗门：左膊垂下，拳冲上当前，右手平屈向外，两拳相对为斗门。以右足踝前斜，靠左足踝后，名连枝步。右手以双指从左拳钩进复钩出，名乱抽麻。右足亦随右手向左足前钩进复钩出，作小蹋步，还连枝。

通臂：长拳也。右手先阴出长拳，左手伏乳。左手从右拳下亦出长拳，右手伏乳，共四长拳。足连枝随长拳，微搓挪左右。凡长拳要对直手背，向内向外者，即病法中戳拳。

仙人朝天势：将左手长拳，往右耳后向左前斫下，伏乳，左足搓左，右手往左耳后向右前斫下，钩起，阁左拳背，拗右拳正当鼻前，似朝天势。右足跟划进当前，横向外靠，左足尖如丁字样，是为仙人步。凡步俱蹲矬、直立者，病法所禁。

抱月：右足向右至后大撤步，左足随转右，作坐马步，两拳平阴相对为抱月。复搓前手还斗门，足还连枝，仍四长拳。敛左右拳紧叉当胸，阳面，右外左内，两静夹胁。

扬鞭：足搓转向后，右足在前，左足在后，右足即前进追步，右手阳发阴，膊直肘平屈横前，如角尺样。左手扯后伏胁，一敛转面，左手亦阳发阴，左足进，同上。

煞锤：左手平阴屈横，右手向后兜至左掌，右足随右手齐进至左足后。

冲掳：右手向后翻身直斫，右足随转向后，左足揭起，左拳冲下，着左膝上，为钓马步，此专破少林搂地挖金砖等法者。右手掳左静，左手即从右手内竖起，左足上前逼步，右足随进后仍还连枝，两手仍还斗门。

两翅摇摆：两足搓右作坐马步，两拳平阴着胸，先将右手掠开，平之如翅，复收至胸，左手亦然。

诠十段锦曰：

坐山虎势：起斗门，连枝足搓向右，作坐马，两拳平阴着胸。

急步三追：右手撒开，转身左手出长拳，同六路。但六路用连枝步，至搓转方右足在前，仍为连枝步，而此用进退敛步，循环三进。

双刀敛步：左膊垂下，拳直竖当前，右手平屈向外，叉左手内，两足紧敛步。

滚斫进退三回：将前手抹下，后手斫进，如是者三进三退。凡斫法上圆中直，下仍圆，如钺斧样。

分身十字：两手仍着胸，以左手撒开，左足随左手出，右手出长拳，循环三拳；右手仍着胸，以右手撒开，左足转面，左手出长拳，亦循环三拳。

架刀斫归营寨：右手复叉左手内，斫法同前滚斫法，但转面只三斫，用右手转身。

扭拳碾步：拳下垂，左手略出，右手下出上进，俱阴面；左足随左手，右足随右手，搓挪不转面，两纽。

滚斫退归原路：左手翻身三斫，退步。

韬抛连进：左手平着胸，略撒开，平直；右手覆拳兜上，至左手腕中止；左足随左手入，敛步翻身，右手亦平着胸，同上。

滚斫归初飞步：右手斫后，右足搓挪。

金鸡立紧攀弓：右手复斫，右足搓转，左拳自上插下，左足钓马进半步，右足随还连枝，即六路拳冲钓马步。

坐马四平两顾：即六路两翅摇摆，还斗门，转坐马摇摆。

六路与十段锦多相同处，大约六路炼骨，使之能紧，十段锦紧后又使之放开。

先生见之笑曰：余以终身之习，往往犹费追忆，子一何简捷若是乎？虽然，子艺自此不精矣。

先生之所注意，独喜身负，迥绝乎凡技之上者，则有盘斫【拳家惟斫最重，斫有四种：滚斫，柳叶斫，十字斫，雷公斫。而先生另有盘斫，则能以斫破斫】。此则先生熟久智生，划焉心开而独创者也。

方余之习拳于铁佛寺也，琉璃惨澹，土木狰狞，余与先生演肄之余，浊酒数杯，团圞绕步，侯山月之方升，听溪流之呜咽，先生谈古道今，意气忼慨。因为余兼及枪、刀、剑、钺之法，曰："拳成外，此不难矣。某某处即枪法也，某某处即剑、钺法也。"以至卒伍之步伐，阵垒之规模，莫不淋漓倾倒，曰："我无传人，我将尽授之子。"余时鼻端出火，兴致方腾，慕睢阳伯纪之为人，谓天下事必非龌龊拘儒所任，必其能上马杀敌，下马擒王，始不负七尺于世。

当是时，西南既靖，东南亦平，四海宴②如，此真挽强二石，不若一丁之时。家大人见余跅驰③放纵，恐遂流为年少狭邪之徒，将使学为科举之文。而余见家势飘零，当此之时，技即成而何所用，亦遂自悔其所为。因降心抑志，一意夫经生业，担簦负笈，问途于陈子夔献、陈子介眉、范子国雯、万子季野、张子心友等，而诸君子适俱在甬东，先生入城时，尝过余斋，谈及武艺事，犹为余谆谆恺切，曰："拳不在多，惟在熟，炼之纯熟，即六路亦用之不穷。其中分阴阳，止十八法，而变出即有四十九。"又曰："拳如绞花槌，左右中前后皆到，不可止顾一面。"又曰："拳亦由博而归约，由七十二跌【即长拳、滚斫、分心十字等打法名色】、三十五拿【即斫、删、科、磕、靠等】、以至十八【即六路中十八法】，由十八而十二【倒、换、搓、挪、滚、脱、牵、绾、跪、坐、挝、拿】，由十二而总归之存心之五字【敬、紧、径、劲、切】。故精于拳者，所记止有数字。"余时注意举业，虽勉强听受，非复昔时之兴会。而先生亦且贫病交缠，心枯容悴而惫矣！

今先生之死止七年，吾乡盗贼亦相蚁合，流离载道，白骨蔽野。此时得一桑怿，足以除之，而二三士子，犹伊吾于城门昼闭之中。当事者命一二守望相助等题，以为平盗之政。士子遮拾一二兵农合一之语，以为经济之才。龙门子《秦士录》曰："使弼在，必当有以自见。"言念先生竟空槁三尺蒿下，宁不惜哉！

嗟乎！先生不可作矣！念当日得先生之学，即岂敢谓遂有关于匡王定霸之略，然而一障一堡，或如范长生、樊雅等护保党闾，自审谅庶几焉！亦何至播徙海滨，担簦四顾，望尘起而无遁所如今日乎！则昔以从学于先生而悔者，今又不觉甚悔，夫前之悔矣。先生之术所受者惟余，余既负先生之知，则此术已为广陵散矣，余宁忍哉！故特备著其委屑，庶后有好事者，或可因是而得之也。虽然，木牛流马，诸葛之书中之尺寸详矣，三千年以来，能复用之者谁乎？

注释

①《内家拳法》，黄百家撰，收入清人张潮所辑录的《昭代丛书》之"别集"，为黄氏《王征南先生传》中一部分。《钦定四库全书总目》之《昭代丛书》提要云："国朝张潮编。潮字山来，徽州人。是编凡甲、乙、丙三集，每集各五十卷，每卷为书一种，皆国初人杂著。或从文集中摘录一篇，或从全书中割取数页，亦有偶书数纸，并非著述，而亦强以书名者。中亦时有窜改。如徐怀祖之《海赋》，去其赋而存其自注，改名《台湾随笔》。黄百家之《征南先生传》，芟其首尾，改名《内家拳法》。犹是明季书贾改头换面之积习，不足

采也。”

由是可知，《昭代丛书》收载的《内家拳法》就是这类改头换面之作，其名也应为张潮辑录时所加。除“芟其首尾”之外，《内家拳法》还删去了文中“射法”部分。唐豪曾言：内家拳“宗羲所述源流，系征南入天童时亲告；百家所述，与其父闻之征南者不同，想因怪诞不经，故从而改之，然皆杜撰无据也。”（唐豪《中国武艺图籍考》，山西科学技术出版社，2008 年，第 54 页）。

该篇注释可参考《王征南先生传》。

② 宴：《王征南先生传》作“晏”。

③ 跅驰：《王征南先生传》作“跅”；“跅弛”，行为放荡不羁之意。

今译

该篇是《王征南先生传》“芟其首尾”之作，全文“今译”可参考《王征南先生传》，此处不再重复。

新书预告

武学名家典籍丛书

孙禄堂武学集注

（形意拳学　八卦拳学　太极拳学　八卦剑学　拳意述真）

孙禄堂　著　　孙婉容　校注　　定价：288 元

杨澄甫武学辑注

（太极拳使用法　太极拳体用全书）

杨澄甫　著　　邵奇青　校注　　定价：178 元

陈微明武学辑注

（太极拳术　太极剑　太极答问）

陈微明　著　　二水居士　校注　　定价：218 元

（第一辑）

李存义武学辑注

（岳氏意拳五行精义　岳氏意拳十二形精义　三十六剑谱）

李存义　著　　阎伯群　李洪钟　校注　　定价：268 元

张占魁形意武术教科书

张占魁　著　　吴占良　王银辉　校注

薛颠武学辑注

（形意拳术讲义上编　形意拳术讲义下编　象形拳法真诠　灵空禅师点穴秘诀）

薛颠　著　　王银辉　校注　　　　　　　　定价：358 元

（第二辑）

陈鑫陈氏太极拳图说（配光盘）

陈鑫　著　　陈东山　陈晓龙　陈向武　校注　　定价：358 元

董英杰太极拳释义

董英杰　著　　杨志英　校注

许禹生武学辑注

（太极拳势图解　陈氏太极拳第五路　少林十二式）

许禹生　著　　唐才良　校注

（第三辑）

李剑秋形意拳术

李剑秋　著　　王银辉　校注

刘殿琛形意拳术抉微

刘殿琛　著　　王银辉　校注

靳云亭武学辑注

（形意拳图说　形意拳谱五纲七言论）

靳云亭　著　　王银辉　校注

（第四辑）

武学古籍新注丛书

王宗岳太极拳论

李亦畬　著　　二水居士　校注　　定价：50 元

太极功源流支派论

宋书铭　著　　二水居士　校注　　定价：68 元

太极法说

二水居士　校注　　定价：65 元

（第一辑）

手战之道

赵　晔　沈一贯　唐顺之　何良臣　戚继光　黄百家　黄宗羲　著

王小兵　校注　　定价：65 元

（第二辑）

百家功夫丛书

张策传杨班侯太极拳108式　（**配光盘**）

张　喆　著　　韩宝顺　整理　　定价：48 元

河南心意六合拳　（**配光盘**）

李洳波　李建鹏　著　　定价：79 元

（第一辑）

形意八卦拳

贾保寿　著　　武大伟　整理　　定价：52 元

张鸿庆传形意拳练用法释秘　　邵义会　著

王映海传戴氏心意拳精要（配光盘）

王映海　口述　　王喜成　主编　　　　　　定价：198 元

戴氏心意拳功理秘技　　王　毅　编著

（第二辑）

传统吴氏太极拳入门诀要　　张全亮　著

华岳心意六合八法拳　　张长信　著

程有龙传震卦八卦掌　　奎恩凤　著

杨振基传太极拳内功心法　　胡贯涛　著

刘晚苍内家功夫及手抄老谱　　刘晚苍　刘光鼎　刘培俊　著

（第三辑）

民间武学藏本丛书

守洞尘技　　崔虎刚　校注

通臂拳　　崔虎刚　校注

心一拳术　　李泰慧　著　　崔虎刚　校注

六合拳谱　　崔虎刚　校注

少林论郭氏八翻拳　　崔虎刚　校注

（第一辑）

心意拳术学　　戴　魁　著　　崔虎刚　校注

武功正宗　　买壮图　著　　崔虎刚　校注

太极纲目　　崔虎刚　校注

神拳拳谱　　崔虎刚　校注

精气神拳书·王堡枪　　崔虎刚　校注

（第二辑）

单打粗论　　崔虎刚　校注

母子拳　　崔虎刚　校注

拳谱志三　　崔虎刚　校注

拳法总论　　崔虎刚　校注

少林拳法总论　　崔虎刚　校注

（第三辑）

少林秘诀　　崔虎刚　校注

绘像罗汉短打变式　　崔虎刚　校注

绘像罗汉短打通式　　崔虎刚　校注

计艺外丹　　崔虎刚　校注

香木神通　　崔虎刚　校注

（第四辑）

老谱辨析点评丛书

再读浑元剑经　　马国兴　著

再读王宗岳太极拳论　　马国兴　著

（第一辑）

太极拳近代经典拳谱探释　　魏坤梁　著

再读杨式老谱　　马国兴　著

再读陈氏老谱　　马国兴　著

（第二辑）

拳道薪传丛书

三爷刘晚苍——刘晚苍武功传习录

刘源正　季培刚　编著　　定价：54 元

尉苍先生金仁霖——太极传心录　　金仁霖　著

习武见闻与体悟　　陈惠良　著

（第一辑）

中道皇皇——梅墨生太极理念与心法

梅墨生　著

乐传太极与行功

乐　奂　原著　　钟海明　马若愚　编著

（第二辑）

民国武林档案丛书

太极往事　　季培刚　著

（第一辑）

图书在版编目（CIP）数据

手战之道/王小兵校注．—北京：北京科学技术出版社，2017.4
（武学古籍新注丛书）
ISBN 978－7－5304－8442－5

Ⅰ.①手…　Ⅱ.①王…　Ⅲ.①武术－研究－中国　Ⅳ.①G852

中国版本图书馆 CIP 数据核字（2016）第 132150 号

手战之道

校 注 者：王小兵
策　　划：王跃平　常学刚
责任编辑：李　倩
责任校对：贾　荣
责任印制：张　良
封面设计：耕者设计工作室
版式设计：王跃平
出 版 人：曾庆宇
出版发行：北京科学技术出版社
社　　址：北京西直门南大街 16 号
邮政编码：100035
电话传真：0086－10－66135495（总编室）
0086－10－66113227（发行部）　0086－10－66161952（发行部传真）
电子信箱：bjkj@bjkjpress.com
网　　址：www.bkydw.cn
经　　销：新华书店
印　　刷：保定市中画美凯印刷有限公司
开　　本：787mm×1092mm　1/16
字　　数：150 千字
印　　张：15.75
版　　次：2017 年 4 月第 1 版
印　　次：2017 年 4 月第 1 次印刷
ISBN 978－7－5304－8442－5/G·2485

定　　价：65.00 元